어린이 비행기 엠블럼 대백과

세상이 한눈에 보이는 비행기 관찰 도감

감 글·그림

바이킹

이 책을 읽는 여러분께

항공사 로고를 보며
세계 여행을 떠나요!

"와, 비행기다!"

하늘을 가로질러 날아가는 비행기를 발견하면 언제나 반가워요. 비행기는 어디로 가는 걸까요? 문득 비행기를 타고 떠나는 상상을 해 봅니다.

새처럼 하늘을 나는 인류의 오랜 꿈은 현실로 이루어진 지 오래입니다. 1903년 12월 17일, 모래 언덕 위에서 펼쳐진 라이트 형제의 12초 동안의 짧은 비행으로 시작해 두 차례의 세계 대전을 겪으며 비행기는 기술적으로 급격히 발전했어요. 이제 수많은 사람이 여러 항공사의 비행기를 타고 세계의 구석구석을 날아다니고 있습니다. 사람들은 언제부터 비행기를 타고 여행하기 시작했을까요?

비행기 여행을 본격적으로 시작한 건 1950년대입니다. 지금은 비행기를 타는 건 큰 일이 아니지만, 당시에 비행기를 타는 것은 그야말로 대단한 일이었어요. 비행기에 타기 전에 사람들은 설레는 마음으로 멋진 옷을 차려입고 비행기 앞에서 기념사진을 찍었지요. 비행기에 오르면 마치 파티에 초대된 듯 승무원이 웰컴 음료를 주었습니다. 기내에서는 플라스틱이 아닌 도자기와 유리 그릇을 사용했고, 테이블은 식탁보로 덮여 있었어요. 바닷가재, 송아지 고기 등 값비싼 뷔페 음식이 제공되었지요.

물론 단점도 있었어요. 지금처럼 비행기 안에서 영화를 보거나 게임을 하는 등의 시간을 보낼 만한 거리가 없었기 때문에 지루한 시간을 견뎌야 했지요. 항공료는 엄청나게 비쌌고, 비행기가 안전하지도 않았습니다. 비행기의 프로펠러가 돌아가는 소리는 너무나 시끄러웠고 지금과 같은 화장실이 없었어요.

그러다 제트 엔진이 달린 비행기가 등장하며 쾌적한 화장실이 생겼고, 비행기는 더 많은 승객을 태우기 위해 몸집이 커졌습니다. 오늘날에는 비행기 엔진의 힘이 점점 세

지면서 비행기 크기가 작아도 멀리 오래 날 수 있습니다. 기술이 발전하며 비행기 몸체도 금속에서 탄소 섬유로 바뀌어 더 가벼워지고 있지요. 덕분에 적은 에너지로 더 멀리 갈 수 있게 되었답니다. 미래의 비행기는 또 어떤 모습으로 발전할까요?

막연히 '항공사 로고는 무엇을 나타낸 걸까?' 하는 호기심으로 시작했는데, 항공사의 역사와 정보뿐만 아니라 항공사가 위치한 나라의 문화까지도 알 수 있었습니다. 또 항공사를 알면 더 편하게 비행기 여행을 할 수 있다는 사실도 깨달았어요.

항공사 코드나 로고를 알면 공항에 가서 비행기가 출발하는 시간을 더 쉽게 찾을 수 있는 것처럼요. 항공사 코드는 주로 항공사의 영어 약자를 많이 쓰니까 어차피 알아보기 쉽지 않느냐고요? '이집트항공'의 코드는 항공사의 이름과 전혀 상관없는 'MS'입니다. 비행기와 지상의 관제소가 통신할 때 쓰는 호출 부호도 주로 항공사 이름을 많이 쓰는데, 뜬금없이 '스피드 버드'라는 호출 부호를 쓰는 항공사도 있어요.

비행기에 그려진 항공사의 로고는 무엇을 나타내고, 어떤 의미가 있는 걸까요? 세상에서 가장 오래된 항공사는 어디일까요? 항공사의 역사와 로고에 얽힌 이야기, 항공 상식 등을 책의 구석구석에 담았습니다.

전 세계를 강타한 코로나19로 해외로 떠나는 사람들의 발걸음이 멈추었습니다. 지금처럼 비행기 여행을 하고 싶은 때도 없는 것 같아요. 멀리 떠나고 싶은 간절한 마음을 싣고 항공사 로고가 그려진 비행기들을 보며, 방 안에서 세계 여행을 함께 떠나 보면 어떨까요?

감

차례

이 책을 읽는 여러분께 항공사 로고를 보며 세계 여행을 떠나요! … 2
비행기는 누가 만들까요? … 6
항공사는 어떻게 시작되었을까요? … 8
세계의 항공 동맹 … 10

아시아

가루다 인도네시아 … 14

고려항공 … 16

대한항공 … 17
    진에어

싱가포르항공 … 20

아시아나항공 … 22
    에어부산 | 에어서울

에미레이트항공 … 26

에바항공 … 28

에티하드항공 … 30

엘알 이스라엘항공 … 32

이스타항공 … 34

일본항공 … 35

전일본공수 … 37
    피치항공

제주항공 … 40

중국국제항공공사 … 41
    에어마카오

중국동방항공 … 44
    상하이항공

중화항공 … 47

카타르항공 … 48

캐세이퍼시픽항공 … 50
    캐세이드래곤항공

타이항공 … 53

티웨이항공 … 56

북아메리카

델타항공 … 58

사우스웨스트항공 … 61

아메리칸항공 … 64

에어캐나다 … 66
　에어캐나다 루즈

유나이티드항공 … 70

남아메리카

라탐항공 그룹 … 74
　라탐 브라질 | 라탐 칠레

아르헨티나항공 … 77

아에로멕시코 … 79

유럽

KLM 네덜란드항공 … 82

루프트한자 … 85
　스위스국제항공

스칸디나비아항공 … 89

아에로플로트 러시아항공 … 91

알리탈리아항공 … 93

에게안항공 … 95
　올림픽항공

에어프랑스 … 98

영국항공 … 100

이베리아항공 … 103
　노스트룸항공

터키항공 … 105

핀에어 … 107

오세아니아

에어뉴질랜드 … 110

콴타스항공 … 113
　젯스타

아프리카

남아프리카항공 … 118

모로코항공(로얄에어모로코) … 120

이집트항공 … 122

찾아보기 … 124

비행기는 누가 만들까요?

세계 곳곳에서 매일 수천 대의 비행기가 활주로에서 이륙하고 착륙합니다. 활주로를 이용하는 비행기는 주로 항공사에 소속된 비행기인데 전 세계에 오천 개 이상의 항공사가 있어요. 하지만 어느 항공사든 보유한 비행기는 비슷합니다. 왜냐하면 상업용 민간 항공기를 만드는 회사가 적기 때문이에요. 대형 비행기를 만드는 제조사는 현재 보잉과 에어버스 두 회사뿐입니다.

항공기 제조 회사 엠브라에르, 봄바디어 등에서는 중소형 비행기를 만들고 있지요. 엠브라에르는 약 30개의 중소형 비행기를, 봄바디어는 제트기와 터보 프롭 비행기를 만들고 있습니다. 큰 비행기일수록 연료를 많이 싣기 때문에 대형 비행기는 장거리 비행을 많이 합니다. 중형 비행기는 중거리용으로 사용되고 주로 지역 항공사에 많이 쓰고 있어요.

에어버스 A380-800

에어버스 A380-800

✈ 보잉

설 립 1916년
본 사 미국 일리노이주 시카고

윌리엄 보잉이 만든 세계에서 가장 큰 항공기 제작 회사입니다. 1916년 미국 시애틀에서 설립했어요. 보잉은 비행기뿐만 아니라 미사일, 군용 항공기 및 항공우주 분야의 사업도 합니다. 1997년 경쟁 업체인 '맥도넬 더글러스'와 합병하며 본사를 시카고로 옮겼지요. 보잉 로고에 맥도넬 더글러스의 옛 로고를 살짝 변형시켜 보잉의 글씨와 함께 넣었습니다. 맥도넬 더글러스와 보잉이 함께 한다는 것을 나타냈습니다.

보잉이 민간 항공기 제작에 성공한 것은 '보잉 707'부터였어요. 1958년 '제트 여객기의 아버지'로 불리는 보잉 707이 첫 상업 운항을 성공하며 보잉의 '7 시리즈'가 시작되었습니다. 이때부터 보잉은 비행기에 이름을 붙일 때 707, 717, 737처럼 앞뒤에 7이라는 숫자를 표시하게 되었어요. 보잉에서 가장 많이 팔린 비행기는 737 기종 시리즈입니다. 그중에서도 보잉 737-800은 저비용 항공사에서 인기가 많아요.

✈ 에어버스

설 립 1969년
본 사 프랑스 툴루즈

에어버스는 미국의 '보잉'이 독주하는 민간 항공기 시장에 대항하기 위해 유럽의 여러 나라가 연합해 1969년에 설립했습니다. 에어버스도 방위 산업과 항공우주 분야의 사업을 하고 있어요. 1974년 에어버스 A300이 첫 운항을 하며 A300 기종 시리즈가 시작되었지요. A300은 기내에 복도 두 개가 있는 광동체(Wide Body)로 쌍발 엔진 비행기입니다.

이를 기반으로 동체의 길이를 줄인 A310을 만들어 1983년부터 운항했고, 동체의 크기를 줄이고 연료 효율을 획기적으로 높인 A320은 1988년에 운항을 시작했어요. A320은 기내의 복도가 하나만 있는 협동체(Narrow Body)로 보잉 727, 737과 경쟁하기 위해 만들어진 중·단거리용 쌍발 엔진 비행기예요. 에어버스 A320은 에어버스에서 가장 인기 있는 모델로 저비용 항공사에서 많이 이용하고 있어요.

✈ 항공사는 어떻게 시작되었을까요?

자전거 수리공이었던 라이트 형제가 처음 비행기를 발명한 이후 비행기는 엄청난 속도로 발전했어요. 12초의 짧은 비행 후, 십 년이 지나자 천 킬로미터를 쉬지 않고 날아갈 수 있게 되었지요. 두 번의 세계대전은 비행기의 기술과 발전에 큰 영향을 주었습니다. 전쟁 물자와 병력을 싣고, 폭탄을 실었던 비행기는 전쟁이 끝나자 민간 항공기로 개조되어 쓰이기 시작했어요. 여러 나라에서 작은 항공사가 생겼다 없어지고 합쳐지면서 오늘날 볼 수 있는 항공사가 조금씩 자리 잡게 되었습니다. 1919년에 설립된 KLM 네덜란드항공은 같은 이름을 이어가는 가장 오래된 항공사로 알려졌어요.

수많은 비행기에는 소속 국가의 국기와 항공사 엠블럼이 그려져 있어요. 비행기에 그려진 엠블럼에는 각 항공사의 목표와 이상, 가치관 등이 담겨 있습니다. 항공사는 승객과 짐, 화물을 비행기로 운송하는 일을 하지요. 항공사 비행기는 승객을 운송하는 비행기와 화물을 운송하는 비행기로 나뉘는데, 승객을 운송하는 비행기를 여객기라고 하고, 화물을 운송하는 비행기는 화물기라고 해요. 화물기는 비행기에 카고(Cargo)라고 쓰여 있어 여객기와 구별하기 쉽습니다. 비행기 기종도 비행기 이름 맨 뒤에 'F'라고 표시되어 있어요. 그럼, 세계에는 어떤 항공사와 비행기가 있는지 함께 볼까요?

> **항공사 순위는 누가 정할까?**
>
> 많은 사람이 매년 항공사와 공항의 서비스 만족도 순위를 찾아봐요. 세계 최대의 항공사와 공항 서비스 평가 사이트로는 '스카이트랙스(Skytrax)'를 꼽을 수 있습니다. 매년 세계 최우수 공항을 꼽고, 10대 공항상을 선정해 발표해요.
>
> 또한 <트래블&레저>라는 잡지에서도 매년 훌륭한 항공사와 최고의 비즈니스석, 최고의 항공 라운지 등을 분야별로 선정한답니다.

1902년 세 번째 글라이더 모델을
조종하는 윌버 라이트

최초의 유인 동력 비행기인 플라이어호는 한순간 만들어진 것이 아니에요. 많은 시간과 노력을 기울이고, 목숨을 건 시험 비행을 해서 이루어 낸 성공이지요. 지금도 많은 사람이 더 안전하고 성능이 좋은 비행기를 만들기 위해 노력하고 있습니다. 미래에는 어떤 비행기가 하늘을 날아다닐까요?

최초의 동력 비행기
플라이어호

 세계의 항공 동맹

여러 항공사끼리 동맹을 맺기도 합니다. 같은 동맹의 항공사는 마일리지나 공항 라운지 이용 서비스, 운항 스케줄 등을 공유해요. 승객은 마일리지를 쌓아 다양한 항공사에서 쓸 수 있고, 더 값싼 요금을 내고 비행기를 탈 수 있어요.

스타얼라이언스

1997년에 설립된 세계 최초의 항공 동맹입니다. 루프트한자, 에어캐나다, 타이항공 등 스물여섯 개 항공사가 소속 회원으로, 슬로건이 '지구를 연결하는 길(The way the earth connects)'입니다. 195개국 1,300개의 공항을 취항하고 있습니다.

스카이팀

주요 항공 동맹 중에 가장 늦은 2000년에 설립되었지만 이용 승객은 가장 많아요. 대한항공, 델타항공, 에어프랑스 등 열아홉 개의 항공사가 회원입니다. '당신을 위한 세심한 배려(Caring more about you)'라는 슬로건을 바탕으로 170개국 1,036개의 공항을 취항하고 있습니다.

원월드

1999년에 설립되었습니다. 영국항공, 캐세이퍼시픽항공, 카타르항공 등 열세 개의 항공사가 속한 항공 동맹으로, '밝은 여행(Travel bright)'이라는 슬로건을 내세우고 있어요. 2017년 기준으로 3,447대의 비행기를 공동으로 운항하며 158개국 1,012개의 공항을 취항합니다.

유플라이 얼라이언스

최초의 LCC(저비용 항공사) 항공 동맹입니다. 원래 홍콩 익스프레스 같은 중화권의 항공사만 가입했는데, 2016년 최초로 해외 항공사이자 대한민국 항공사로 이스타항공이 들어갔습니다.

밸류 얼라이언스

2016년에 생긴 아시아·태평양 지역의 LCC 항공 동맹입니다. LCC 항공 동맹 중에서는 가장 규모가 큽니다. 제주항공을 비롯해 세부퍼시픽 등 여덟 개 항공사가 속해 있습니다. 소속 항공기는 176대로, 2015년도에 17개 공항에서 160개 도시로 승객 4,700만 명이 이용했습니다.

바닐라 얼라이언스

2015년에 창립한 아프리카·인도양의 지역 항공사 항공 동맹입니다. 아프리카 동부의 인도양 섬 지역인 바닐라 아일랜드라는 이름을 따서 지었습니다. 에어마다가스카르, 에어모리셔스, 에어세이셸 등의 다섯 개 항공사가 소속되어 있습니다.

일러두기

* 여객 서비스를 제공하는 항공사만 소개했습니다.
* 항공사 명칭은 인천국제공항과 항공사별 대한민국 사이트에서 사용하는 것을 적었습니다.
* 항공사 보유 기종과 비행기 평균 수명은 항공사별 홈페이지와 플레인스포터스(www.planespotters.net)를 기준으로 했습니다.
* 항공사 취항 정보는 항공사별 홈페이지와 플라이트커넥션스(www.flightconnections.com)를 기준으로 했습니다.
* 항공사 설립 연도는 처음에 생긴 항공사를 기준으로 했습니다.
* 항공사에 새로 들어올 계획이 있는 기종까지 포함해 보유 기종의 수를 적었습니다.
* 항공사 코드는 IATA(국제항공운송협회)를 기준으로 했습니다.
* 항공사의 인수·합병·보유 기종 등 모든 내용은 2021년 3월 기준의 정보입니다.
* 취항 정보는 전 세계의 코로나19 확산 이전의 2020년 기준으로 적었습니다.
* 대륙별로 장을 구분해, 대형 항공사 기준으로 가나다 순으로 정렬했습니다. 다만, 자회사는 대형 항공사 다음에 소개합니다.

아시아

인도네시아, 태국, 싱가포르 등 아시아에는 마흔일곱 개의 나라가 있어요.
전 세계에서 가장 넓고 인구가 많은 대륙이지요.
전 세계의 약 60퍼센트의 인구가 아시아에 살고 있답니다.
많은 사람이 살고 면적이 넓은 대륙답게 아시아에 일흔세 개의
항공사가 있습니다. 어떤 항공사가 있는지 함께 살펴볼까요?

가루다 인도네시아

인도네시아

슬로건	The airline of Indonesia
호출 부호	INDONESIA
항공사 코드	GA

보잉 737-800

가루다는 무엇일까요?

가루다 인도네시아 로고에 있는 동물은 힌두교와 불교 신화에 등장하는 황금 독수리예요. 사람의 팔과 몸통에 독수리의 날개, 부리, 그리고 발을 가진 전설적인 존재이지요. 가루다는 인도네시아 국가를 상징한다고도 합니다.

가루다

- **설 립** 1949년
- **본 사** 인도네시아 자카르타
- **취 항** 국내: 44개 도시 / 국제: 아시아, 유럽, 오세아니아 등 11개국 19개 도시
- **보유 기종** ATR / 에어버스 A330 / 보잉 737, 777 / 록히드 / 봄바디어 총 144대
- **비행기 평균 수명** 8.8년

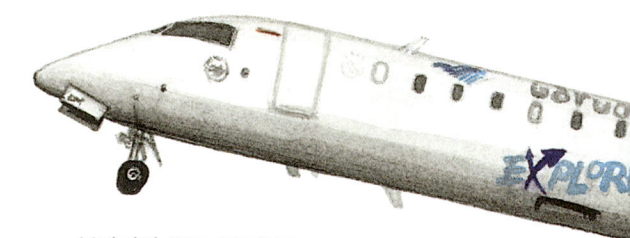

봄바디어 CRJ 1000NG

ATR 72-600

가루다 인도네시아는 인도네시아의 대표 항공사입니다. 가루다 인도네시아는 로고를 여러 번 바꿨어요. 초창기에는 항공사 이름도 '인도네시아항공'이었고 로고도 인도네시아 국기를 바탕으로 만들었지요. 그러다 1960년대에 '가루다 인도네시아항공'로 이름을 변경하며 빨간색과 하얀색 방패에 황금 독수리 '가루다'를 삼각형 모양으로 넣은 로고를 도입했습니다. 이 로고는 1969년까지 비행기의 꼬리날개에 그려졌지요. 1969년 이후로는 가루다의 모습이 사라졌습니다.

그러다 1985년에 항공사 명칭을 가루다 인도네시아로 바꾸며 다시 로고도 새롭게 바꾸었습니다. 곡선 다섯 개로 가루다의 날개 모양을 본따서 만든 것이지요. 국기와 같은 색은 없어지고 짙은 감청색과 하늘색으로 바뀌었습니다. 열대의 우림과 바다가 지배하는 인도네시아의 자연에서 영감을 받은 로고라고 해요. 이 로고는 2009년에 다시 글씨체를 바꾸며 '자연의 날개'라는 항공사 콘셉트를 확고히 했습니다. 열대 조류의 날개와 물의 파동에서 영감을 받았다고 해요.

이렇게 변했어요

| 1949~1969년 | 1969~1985년 | 1985~2009년 | 2009년~현재 |

고려항공

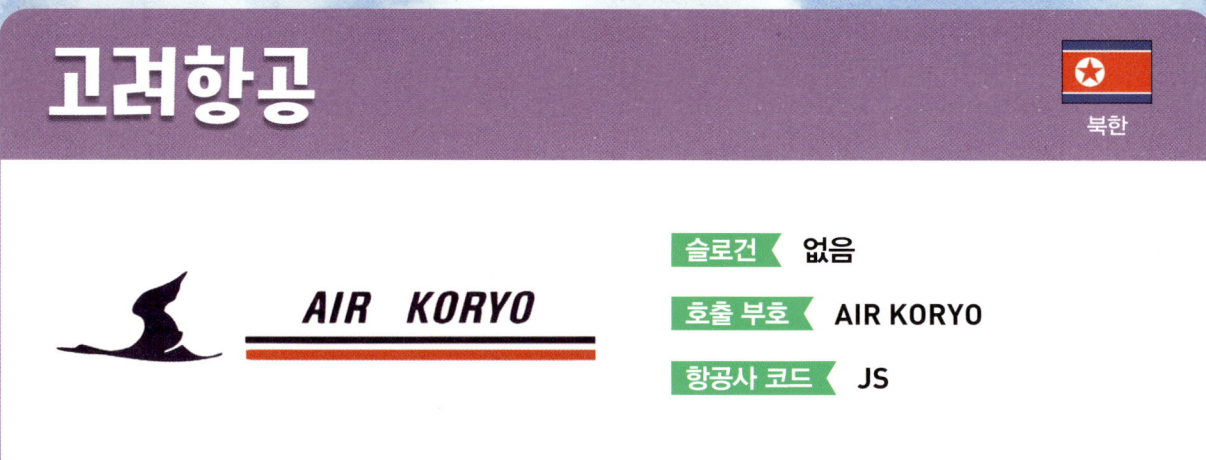

슬로건	없음
호출 부호	AIR KORYO
항공사 코드	JS

북한

북한의 유일한 항공사로 처음에는 '조선민항'이라는 이름으로 설립했습니다. 1992년 고려항공으로 이름을 바꾸었지요. 고려항공의 로고는 '두루미'가 나는 모습을 형상화한 것입니다. 고려항공은 스카이트랙스가 선정한 세계에서 유일한 1성급 항공사예요. 고려항공의 항공권은 오직 해외 송금(현금)으로만 살 수 있다고 합니다.

고려항공은 북한 인사들을 해외로 이동시키고, 올림픽 같은 큰 국제 행사에 참가하는 북한 대표 선수들을 수송하는 일도 맡아서 합니다.

유엔은 고려항공으로 비행기 판매를 금지했답니다. 북한으로 항공 기술이 유출되거나, 전쟁이 일어나면 비행기를 개조해서 전투 목적으로 쓸 수 있기 때문이지요. 그래서 고려항공은 러시아에서 제작한 비행기만 보유하고 있습니다.

투폴레프 Tu-204-300

- 설 립   1954년
- 본 사   북한 평양
- 취 항   국내: 정기 노선 3개 도시 / 비정기 노선 5개 도시
  국제: 중국 베이징, 선양, 상하이 / 러시아 블라디보스토크
- 보유 기종   안토노프 An-148 / 투폴레프 Tu-204 총 4대
- 비행기 평균 수명   13.6년

현금으로만 항공권을 살 수 있다고!

대한항공

대한민국

슬로건	Excellence in flight
호출 부호	KOREAN AIR
항공사 코드	KE

에어버스 A220-300

5성급 항공사
스카이트랙스 선정

　대한항공은 대한민국 정부가 세워 운영하던 '대한항공공사'를 1969년에 인수하며 설립되었습니다. 대한민국 대표 항공사이지요.

　대한항공은 '대한항공공사'의 로고를 그대로 쓰다가 1984년에 로고를 새로 만들었습니다. 초창기의 로고는 창공을 상징하는 원 안에 날아가는 고니가 그려져 있었어요. 천연기념물로 지정된 새인 고니는 평화와 안녕을 상징합니다. 1984년에 선보인 태극 문양의 로고는 역동적인 힘과 회전하는 프로펠러를 표현한 것으로 강력한 추진력과 함께 무한한 하늘에 도전하는 대항항공의 의지를 나타낸다고 해요.

이렇게 변했어요

KAL 1962~1984년	KOREAN AIR 1984년~현재

설 립	1969년
본 사	대한민국 서울
취 항	국내: 13개 도시 / 국제: 아시아, 북아메리카, 유럽, 오세아니아, 아프리카 등 42개국 102개 도시
항공 동맹	스카이팀
보유 기종	에어버스 A220, A380 등 / 보잉 747, 787 등 총 172대
비행기 평균 수명	10.8년

엔진을 둘러싼 후방 모양이 물결무늬로 되어 있어 다른 비행기보다 소음이 적어요!

　대한항공은 기내식으로 비빔밥이 나오는 것으로 유명합니다. 비빔밥으로 '국제기내식협회'에서 1년에 한 번 수여하는 '최고의 기내식상'을 받기도 했지요. 대한항공은 1970년대부터 갈비, 불고기 등의 전통 음식을 제공했고 1980년대에 처음 일등석과 비즈니스석에 비빔밥을 선보였습니다. 이때만 해도 기내의 밥통에서 밥을 직접 지어 기내식으로 제공했기 때문에 모든 좌석에 비빔밥을 제공하기 어려웠어요. 그러다 1990년대 중반에 즉석 밥이 개발되면서 일반석에도 비빔밥이 제공되기 시작했습니다. 신선한 채소가 어우러진 비빔밥은 외국인들에게도 건강식으로 여겨져 기내식으로 인기가 높다고 해요.

어? 이 컵라면 어디서 났어?

우리처럼 장거리 여행을 할 때 승무원에게 달라고 하면 줘. 삼각김밥도 있다고~.

보잉 787 드림라이너

진에어

슬로건	Fly, better fly
호출 부호	JIN AIR
항공사 코드	LJ

진에어는 대한항공의 자회사로 저비용 항공사입니다. 나비를 콘셉트로 한 로고는 자유롭게 날아다니는 나비와 비행기를 결합한 모양으로 한곳에 머무르지 않고 새롭고 이국적인 곳을 향해 떠나는 여행자를 상징한다고 해요.

설 립	2008년
본 사	대한민국 서울
취 항	국내: 7개 도시 / 국제: 중국, 태국, 말레이시아 등 아시아 11개국 21개 도시
항공 동맹	스카이팀
보유 기종	보잉 737, 777 총 24대
비행기 평균 수명	11.3년

보잉 777-200ER

싱가포르항공

싱가포르

슬로건	A great way to fly
호출 부호	SINGAPORE
항공사 코드	SQ

세계 최고의 항공사
스카이트랙스 4번 선정

최고의 항공사
트래블&레저 20년 연속 선정

에어버스 A350-900

설 립	1947년
본 사	싱가포르 창이
취 항	국내: 1개 도시 / 국제: 아시아, 북아메리카, 유럽, 오세아니아, 아프리카 등 32개국 62개 도시
항공 동맹	스타얼라이언스
보유 기종	에어버스 A330, A380 등 / 보잉 737, 787 등 총 149대
비행기 평균 수명	7년

싱가포르항공(Singapore Airlines)은 싱가포르의 대표 항공입니다. 줄여서 'SIA'로 불리기도 합니다. 처음에는 '말레이안항공'이라는 이름으로 설립되었어요. 당시 싱가포르는 영국의 식민지였던 때라 다른 영연방 항공사로부터 많은 기술 지원을 받았습니다. '싱가포르항공'을 영국의 임페리얼항공, 해양 증기선 회사, 싱가포르의 해협 증기선 회사, 이렇게 세 회사가 함께 만들었지요.

1963년 싱가포르는 영국 식민지를 벗어나 말레이시아 및 여러 곳과 연방을 만들면

에어버스 A380-800

'사롱 케바야' 유니폼을 입은 승무원

친절한 서비스로 유명한 싱가포르항공은 바틱 문양의 '사롱 케바야(Sarong Kebaya)' 유니폼으로도 유명합니다. 파란색, 초록색, 빨간색, 보라색으로 승무원의 직급을 나타냅니다.

싱가포르항공의 승무원

서, '말레이시아항공'이 되었어요. 3년 후 싱가포르가 말레이시아 연방을 탈퇴했고, '말레이시아항공'은 '말레이시아-싱가포르항공'으로 다시 이름을 바꾸었습니다. 1972년 '말레이시아-싱가포르항공'은 말레이시아 국내선에 집중할 것인지, 싱가포르에서 출발하는 국제선에 집중할 것인지 선택해야만 했어요. 그러다 결국 각각 말레이시아항공, 싱가포르항공으로 갈라지게 되었지요.

싱가포르 항공의 일반석 좌석은 다른 항공사보다 넓은 것으로 유명합니다. 보잉 777과 에어버스 A350은 보통 한 줄에 좌석 열 개를 놓는데, 싱가포르항공에서는 한 줄에 좌석을 아홉 개 두어 훨씬 여유 있게 앉을 수 있어요.

싱가포르항공의 로고는 1972년에 처음 만들어졌습니다. 동남아시아의 신화와 민속에 등장하는 은빛 단검인 '실버 크리스(Silver kris)'를 '새'로 표현한 것입니다. 싱가포르항공에서 제공하는 여행 잡지의 이름도 〈실버 크리스〉랍니다. 검은색 로고는 1987년에 노란색으로 색을 바꾸고 글씨도 현대적인 느낌으로 수정했어요.

▎이렇게 변했어요

1972~1987년   1987년~현재

보잉 777

아시아나항공

대한민국

ASIANA AIRLINES

슬로건	Beautiful people
호출 부호	ASIANA
항공사 코드	OZ

아시아나항공의 로고는 처음 만들어진 이후 딱 한 번만 바뀌었습니다. 첫 로고는 색동 저고리를 입은 여인을 형상화한 것이었어요. 로고의 저고리에 쓰인 색동은 한국의 전통적인 색동을 현대적으로 재해석한 것이에요. 이는 역동적이고 발전하는 미래를 표현한 것으로 로고가 바뀐 지금도 동체 뒷부분과 꼬리날개에 그려져 있습니다.

★★★★★
5성급 항공사
스카이트랙스 5년 연속 선정

★★★★★
**2010년
세계 최고의 항공사**
스카이트랙스 선정

▌이렇게 변했어요

Asiana Airlines	ASIANA AIRLINES
1988~2006년	2006년~현재

2006년에 만들어진 두 번째 로고는 '아시아나항공'이라고 정자체로 쓰인 글씨와 그 위에 '윙(Wing. 날개)'이라고 불리는 심벌이 있습니다. 정자체 글씨는 신뢰를 상징하고 '윙'은 고객과 함께 아름다운 미래로 비상하겠다는 의지를 형상화한 것이라고 합니다. 아시아나항공은 저비용 항공사인 에어부산과 에어서울을 자회사로 두고 있어요.

설 립	1988년
본 사	대한민국 서울
취 항	국내: 10개 도시 / 국제: 아시아, 북아메리카, 유럽, 오세아니아 등 24개국 66개 도시
항공 동맹	스타얼라이언스
보유 기종	에어버스 A320, A380 등 / 보잉 747, 777 등 총 83대
비행기 평균 수명	11.7년

아시아나항공에서 편지를 써 볼까요?

아시아나항공에는 '오즈러브레터'라는 편지 배송 서비스가 있어요. 어버이날이나 크리스마스 등 특별한 날에 원하는 사람에게 편지가 도착하도록 편지를 써서 보낼 수 있답니다. 좌석 간에도 편지를 써서 전달할 수도 있어요. 함께 여행하는 가족이나 친구에게 손으로 직접 편지를 쓰며 추억을 만들어 보면 어떨까요?

에어버스 A350-900

에어부산

슬로건	Fly smart
호출 부호	AIR BUSAN
항공사 코드	BX

에어버스 A320-200

에어부산은 아시아나항공의 자회사인 저비용 항공사입니다. 에어부산의 로고는 부산의 바다, 갈매기, 하늘을 조합하여 만들어졌습니다. 바다의 물결과 하나 되어 하늘로 힘차게 날갯짓하는 갈매기가 그려져 있지요. 이는 전 세계로 뻗어 가려는 에어부산의 의지와 희망을 나타낸다고 합니다.

설 립	2007년
본 사	대한민국 부산
취 항	국내: 6개 도시 / 국제: 일본, 중국 등 아시아 13개국 30개 도시
항공 동맹	스타얼라이언스
보유 기종	에어버스 A320, A321 총 26대
비행기 평균 수명	12.4년

에어서울

슬로건	It's mint time
호출 부호	AIR SEOUL
항공사 코드	RS

에어서울은 아시아나항공의 자회사이자 저비용 항공사입니다. 김포-제주 노선을 운항하며 시작되었습니다.

에어서울의 로고는 한글 자음 ㅅ, ㅇ을 이용해 만들었어요. 'ㅅ'은 서울 곳곳에서 만날 수 있는 산의 모습과 올라간다는 의미를 나타내고, 'ㅇ'은 부드럽게 흐르는 강물의 모습과 편안함을 상징한다고 합니다. 민트 색은 에어서울의 서비스로 느낄 수 있는 상쾌함, 휴식, 즐거움을 나타낸 색깔이에요.

설립	2015년
본사	대한민국 서울
취항	국내: 3개 도시 / 국제: 일본, 홍콩, 괌 등 9개국 15개 도시
항공 동맹	스타얼라이언스
보유 기종	에어버스 A321 총 6대
비행기 평균 수명	8.4년

에어버스 A321-200

에미레이트항공

아랍에미리트 두바이

슬로건	Fly Emirates, better
호출 부호	EMIRATES
항공사 코드	EK

에미레이트항공은 두바이 왕실의 지원을 받아 설립되었습니다. 두바이를 거점으로 한 에미레이트항공은 두바이 정부가 소유하고 있어요. 중동에서 가장 큰 항공사입니다. 에어버스 A380은 117대, 보잉 777은 145대를 소유해 전 세계에서 큰 비행기를 가장 많이 가진 항공사랍니다.

에미레이트항공의 비행기에는 아랍에미리트의 국기가 꼬리날개에서부터 동체까지 쭉 가로질러 그려져 있어요.

에미레이트항공의 로고는 아랍어로 '에미레이트'를 쓴 것인데 '신성한'이라는 뜻이에요. 붓글씨로 쓰인 이 글자는 오른쪽에서 왼쪽으로 읽는 아랍 문자로 되어 있습니다. 빨간색은 번영, 자신감, 열정, 리더십을 나타내고 하얀색은 우아함을 뜻한다고 합니다. 로고의 글씨는 부드러운 느낌을 살리고, 독특한 서체를 자랑합니다.

에어버스 A380-800

보잉 777-300ER

설 립	1985년
본 사	아랍에미리트 두바이
취 항	국내: 1개 도시 / 국제: 아시아, 아메리카, 유럽, 오세아니아, 아프리카 등 78개국 143개 도시
항공 동맹	없음
보유 기종	에어버스 A319, A380 등 / 보잉 777 총 271대
비행기 평균 수명	7.7년

에바항공

대만

슬로건	Sharing the world, flying together
호출 부호	EVA
항공사 코드	BR

★★★★★
5성급 항공사
스카이트랙스 선정

ATR 72-600

- 설 립 1989년
- 본 사 대만 타오위안
- 취 항 국내: 4개 도시 / 국제: 아시아, 북아메리카, 유럽, 오세아니아 등 21개국 60개 도시
- 항공 동맹 스타얼라이언스
- 보유 기종 ATR / 에어버스 A321, A330 / 보잉 777, 787 총 87대
- 비행기 평균 수명 6.5년

28

에바항공은 대만에서는 중화항공에 이어 두 번째로 큰 항공사예요. 에바항공(EVA Air)의 'EVA'는 에버그린(Evergreen)그룹의 'EV'와 항공사(Airways)의 'A'를 따온 것이에요. '이-비-에이-에어'라고 읽고, 항상 대문자로만 씁니다. 대한민국의 사이트명이나 공항에는 '에바'라고 적혀 있어요.

에버그린 그룹의 설립자인 창 영파 박사가 세운 민간 항공사입니다. 에바항공의 로고는 에버그린 그룹의 로고에 에바항공이라는 글씨를 쓴 것입니다. 1989년에 만든 이후 크게 바꾸지 않고 계속 쓰고 있어요. 로고에 쓰인 짙은 녹색은 비행기의 내구성을, 주황색은 비행기의 기술 혁신을 나타냅니다.

에바항공은 '헬로키티' 제트기로 유명합니다. 아시아, 프랑스 파리, 미국 휴스턴 노선에 운항하며 비행기마다 다른 '헬로키티' 캐릭터를 사용한 테마와 디자인을 자랑하고, 관련 기내 서비스를 무려 백 개나 갖추고 있다고 합니다. 이 서비스로 〈글로벌 트래블러〉의 '레저 라이프 스타일상'과 영국 〈데일리 메일〉의 '2016년 최고의 비행기 디자인상'을 받았어요. 에바항공은 지금까지 단 한 번의 비행기 손실이나 인명 사고 없이 안전한 운항 기록을 유지하고 있습니다.

에어버스 A321-200

에티하드항공

아랍에미리트

슬로건	Choose well
호출 부호	ETIHAD
항공사 코드	EY

에티하드항공은 아랍에미레이트에서는 에미레이트항공에 이어 두 번째로 큰 항공사예요. '에티하드'는 아랍어로 '함께', '통합'이라는 뜻이에요.

에티하드항공은 세계 최고의 프리미엄 항공사 브랜드입니다. 설립된 지 8년 만에 정상에 오른 에티하드항공은 상업 항공 역사상 가장 빠르게 성장한 항공사예요.

에티하드항공의 로고는 2003년에 만들어졌어요. 에티하드를 아랍어와 영어로 적은 로고는 독특한 서체와 함께 아라비아사막을 상징하는 금색으로 만들어졌습니다.

세계 최고의 항공사
월드트래블 어워드 선정

보잉 787-10

에티하드항공의 에티하드 익스플로러

에티하드항공에서는 장거리 비행을 하는 어린이를 위해 재미있는 놀이를 할 수 있는 가방을 선물해요.

3~8세 어린이에게는 놀이 책자, 크레용, 카드 게임 등이 든 가방을, 9~13세 어린이에게는 스도쿠, 미로 찾기, 점선 잇기 게임 등이 든 가방을 준다고 합니다.

다른 항공사에서도 어린이를 위한 다양한 놀이 서비스를 제공한다고 해요.

에어버스 A320-200

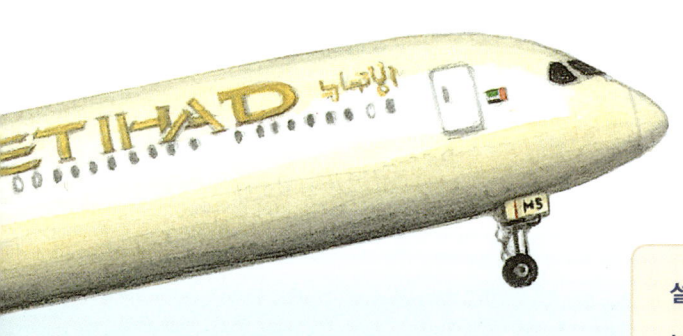

설 립	2003년
본 사	아랍에미리트 아부 다비
취 항	국내: 2개 도시 / 국제: 아시아, 북아메리카, 유럽, 오세아니아, 아프리카 등 48개국 76개 도시
항공 동맹	없음
보유 기종	에어버스 A320, A321 등 / 보잉 777, 787 총 99대
비행기 평균 수명	6.6년

엘알 이스라엘항공

이스라엘

슬로건	It's not just an airline, It's Israel
호출 부호	El Al
항공사 코드	LY

엘알 이스라엘항공은 이스라엘의 대표 항공사입니다. 이스라엘이라는 나라가 세워지며 함께 설립되었어요. 첫 비행은 이스라엘의 초대 대통령인 '하임 바이츠만'이 스위스 제네바에서 열린 회의에 참석하기 위해 임시로 군용 수송기에 페인트를 칠해 로고를 그려 넣고 비행한 것이었습니다. 그 후 군용기는 다시 페인트를 칠해 군대로 돌아갔고 엘알 이스라엘항공은 임대 비행기를 사용하다 1949년부터 두 대의 비행기를 구입해 운항을 이어 갔어요.

엘알 이스라엘항공은 비행기에 미사일 방어 시스템을 장착한 유일한 상업 항공사예요. 또한 엄격한 보안 절차 때문에 세계에서 가장 안전한 항공사로 알려져 있습니다. '항공사가 아니라, 이스라엘 나라 자체다.'라는 항공사의 슬로건답게 다른 나라에 흩어져 있던 유대인들을 본국으로 구출해 오는 중요한 역할을 맡았어요.

- **설 립** 1948년
- **본 사** 이스라엘 벤 구리온 공항
- **취 항** 국내: 1개 도시 / 국제: 아시아, 북아메리카, 유럽, 아프리카 등 32개국 64개 도시
- **항공 동맹** 없음
- **보유 기종** 보잉 737, 787 등 총 46대
- **비행기 평균 수명** 10.1년

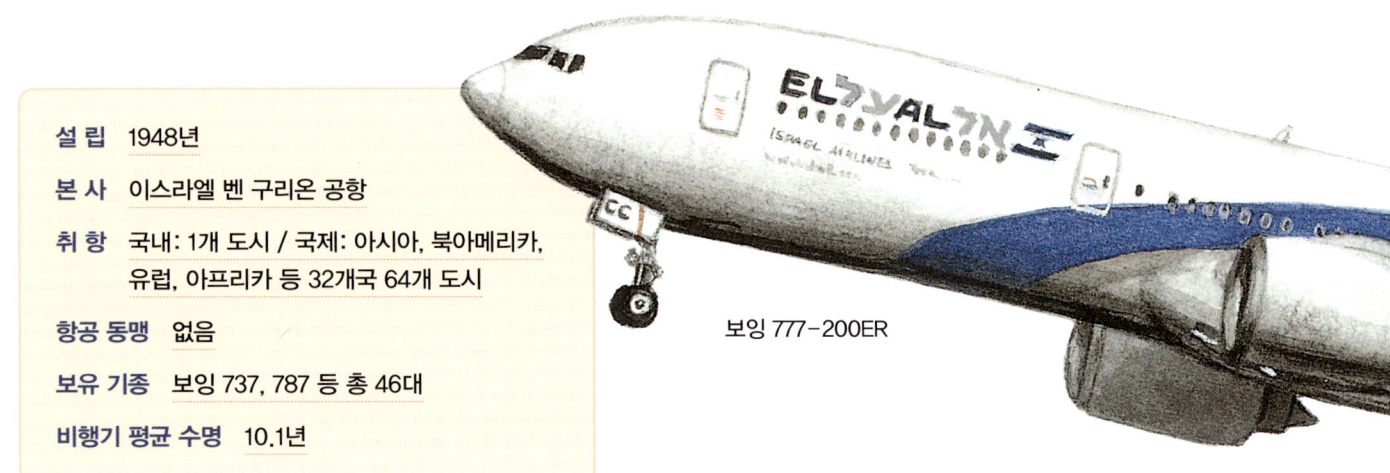

보잉 777-200ER

보잉 787

첫 로고는 1949년 영국의 그래픽 디자이너인 프란츠 크라우스가 디자인한 것으로 원 안에 별이 있는 로고였습니다. 그 후 1963년 사각형 안에 글자를 딱 맞춰 넣은 디자인으로 만들었어요. '엘알'은 히브리어로 '하늘을 향하여'라는 뜻이에요. 현재 엘알 항공의 로고는 영어와 히브리어로 적은 'EL AL'과 이스라엘 국기를 그려 넣은 것입니다.

엘알 이스라엘항공의 기내식은 유대교 율법에 따라 조리한 '코셔 밀'만 제공된다고 합니다.

엘알 이스라엘항공의 첫 로고

'코셔'는 무엇인가요?

육류와 유제품을 섞어 사용하지 않고, 조개나 갑각류도 들어가지 않은 음식이에요. 유대교를 믿는 유대인의 율법에 따라 만들지요. 코셔 요리를 만들 수 있는 요리사가 따로 있답니다.

코셔 인증 마크

오늘은 안식일이라 비행기가 안 뜬다고!

안녕! 엘알 이스라엘항공을 타고 떠난다~.

이스타항공

대한민국

슬로건	Exciting flying
호출 부호	EASTAR
항공사 코드	ZE

보잉 737-800

이스타항공은 대한민국의 저비용 항공사입니다. 2007년에 설립해 2009년 서울-제주 구간을 비행하며 첫 운항을 시작했고, 2009년 12월부터 인천에서 말레이시아 쿠칭으로 첫 국제선 서비스를 시작했지요.

이스타항공의 이름은 동쪽(East)과 별(Star)을 합쳐서 만들었습니다. 로고는 두 글자 사이에 별을 넣어 동방의 별이라는 이미지를 형상화시켰지요. 이는 한국뿐만 아니라 아시아 전역에서 활약하고자 하는 이스타항공의 목표를 표현한 것입니다. 또한 빨간색은 에너지가 넘치고 도전과 열정으로 가득하며, 진취적이며 역동적인 이스타항공의 이미지를 상징합니다.

설립	2007년
본사	대한민국 서울
취항	국내: 6개 도시 / 국제: 일본, 중국, 러시아 등 11개국 22개 도시
항공 동맹	유플라이 얼라이언스
보유 기종	보잉 737 총 8대
비행기 평균 수명	6.5년

일본항공

일본

슬로건 Fly into tomorrow
호출 부호 JAPANAIR
항공사 코드 JL

일본항공은 일본 대표 항공사로 1953년에 국영 항공사가 되었습니다. 정부와 공동으로 운영하다 30년 후 다시 민영 항공사가 되었지요.

　일본항공의 로고는 1959년에 발표하였습니다. 두루미를 형상화한 로고로 두루미의 충직한 성품과 지치지 않고 높이 날아가는 강인함을 나타냅다고 해요. '츠루마루'라는 이름으로 불리는 이 로고는 40년 넘게 쓰이다가 1989년에 바뀌게 됩니다. 1989년부터 2002년까지 쓰인 이 로고는 일본항공(Japan Airlines)의 줄임말인 'JAL'이라는 글자 뒤에 빨간색 정사각형과 회색 직사각형을 배치했습니다.

보잉 737-800

보잉 787-8

설 립	1951년
본 사	일본 도쿄
취 항	국내: 49개 도시 / 국제: 아시아, 북아메리카, 유럽, 오세아니아 등 23개국 43개 도시
항공 동맹	원월드
보유 기종	에어버스 A350 / 보잉 737, 787 등 총 169대
비행기 평균 수명	10.8년

이러한 형식은 다시 바뀌는데 'JAL' 글씨체를 정자체로 바꾸고 막대 모양의 사각형은 '태양의 호(arc)'라고 불리는 아치 형태로 바뀌었지요. 2011년 일본항공은 '츠루마루'를 다시 등장시킵니다. 빨간 두루미로 돌아온 '츠루마루'는 아직도 일본항공을 대표하고 있습니다.

두루미를 항공사 로고로 쓰는 데가 엄청 많다던데?

콘도르나 거위를 로고로 쓴 항공사는 어디게?

이렇게 변했어요

			JAL	
1951~1959년	1959~1989년	1989~2002년	2002~2011년	2011년~현재

전일본공수

일본

슬로건	Inspiration of Japan
호출 부호	ALL NIPPON
항공사 코드	NH

전일본공수는 일본에서 가장 큰 항공사입니다. 설립 당시의 이름은 '일본 헬리콥터 수송 주식회사'였어요. 항공사 코드도 이때 만들었기 때문에 '일본 헬리콥터(Nippon Helicopter)'의 약자인 'NH'를 지금도 그대로 쓰고 있어요. 헬리콥터 두 대로 첫 서비스를 시작했지요. 1953년에 작은 비행기로 일본 오사카-도쿄 구간에 정기적으로 화물을 운송했고, 1954년부터 같은 구간으로 여객 서비스를 시작했습니다.

1957년 '전일본공수'로 이름을 바꾸고 1958년에 일본의 '극동항공주식회사'와 합병했어요. 전일본공수(All Nippon Airways)를 줄여 'ANA'라고도 부릅니다.

보잉 787-10

- 설 립 1952년
- 본 사 일본 도쿄
- 취 항 국내: 53개 도시 / 국제: 아시아, 북아메리카, 유럽, 오세아니아 등 25개국 53개 도시
- 항공 동맹 스타얼라이언스
- 보유 기종 에어버스 A320, A380 등 / 보잉 737, 787 등 총 242대
- 비행기 평균 수명 8.5년

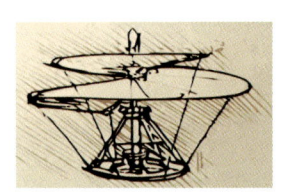
레오나르드 다빈치의 헬리콥터

전일본공수의 첫 로고

전일본공수의 첫 로고는 1958년에 처음 만들었는데, 레오나르도 다빈치가 구상한 헬리콥터를 단순하게 디자인한 것이었어요. 이 로고는 1982년까지 쓰이다가 이후 지금과 비슷한 로고로 바뀌었습니다. 현재 로고는 2010년에 수정한 이후 계속 쓰이고 있어요.

보잉 767-300ER

잠깐! 항공 상식

비행기에서 아기가 태어나면 어느 나라 사람이 되는 걸까요?

국적은 한 나라의 구성원이 되는 자격을 말해요. 국적을 정하는 기준은 부모의 국적에 따르는(속인주의) 나라가 있고, 태어난 곳이 어딘지 따르는(속지주의) 나라로 나뉘어요. 우리나라와 일본은 속인주의 국가이고, 미국과 캐나다는 속지주의 국가입니다. 그리고 국제선 비행기 안은 법적으로 목적지 나라의 영토로 여겨지지요.

실제로 2008년 12월 31일에 네덜란드를 출발해 미국의 보스턴으로 날아가는 노스웨스트 항공(NW59편)의 비행기에서 우간다 국적의 여성이 캐나다 상공에서 아기를 출산했다고 합니다. 캐나다 정부는 속지주의 원칙을 인정해 이 아기에게 캐나다 시민권을 부여했다고 해요.

피치항공

슬로건 Fly Peach, share happiness!
호출 부호 AIR PEACH
항공사 코드 MM

저비용 항공사로 전일본공수의 자회사로 저비용 항공사입니다. '하늘을 나는 기차'라는 콘셉트를 바탕으로 정시에 출발하는 걸 중요하게 생각합니다. '아시아를 위한 다리'가 되는 것이 목표라고 해요.

항공사 로고는 피치(Peach. 복숭아)를 이용한 로고로 항공사 이미지에는 분홍색, 자주색, 하얀색만을 이용한다고 합니다.

설립	2011년
본사	일본 오사카
취항	국내: 14개 도시 / 국제: 아시아 6개국 6개 도시
항공 동맹	없음
보유 기종	에어버스 A320, A321 총 39대
비행기 평균 수명	4.3년

에어버스 A320-200

제주항공

대한민국

슬로건	New standard, JEJUair
호출 부호	JEJU AIR
항공사 코드	7C

와~ 제주도다! 어디부터 갈까?

제주도 하면 '오름'이지. 무려 360개가 넘게 있대. 오름은 제주도 말로 '작은 산'을 말하는데, 분화구가 있는 작은 화산이야.

보잉 737-800

제주항공은 대한민국 최초이자 최대의 저비용 항공사입니다. 제주도에서 항공사 이름을 딴 제주항공은 귤처럼 신선한 오렌지색 로고가 특징입니다. 영문 로고는 제주항공(JEJU air)의 알파벳 'i'에 하늘색 깃발을 꽂은 듯한 디자인이에요.

승객을 맞이하는 제주항공의 반가운 마음과 환영의 의미를 담고 있으며, 또한 전 세계로 뻗어 나가는 제주항공의 리더십을 상징한다고 합니다.

설립	2005년
본사	대한민국 제주
취항	국내: 9개 도시 / 국제: 일본, 중국, 러시아 등 15개국 40개 도시
항공 동맹	밸류 얼라이언스
보유 기종	보잉 737 총 43대
비행기 평균 수명	12.1년

중국국제항공공사

중국

슬로건	Land your dream
호출 부호	AIR CHINA
항공사 코드	CA

중국국제항공공사는 중국의 대표 항공사입니다. 2002년 '중국서남항공공사'와 합병하며 이름을 '중국항공공사'로 변경했다가 2004년 '중국국제항공공사'로 바꾸었어요.

중국국제항공공사의 로고는 빨간색의 불사조와 붓글씨로 '중국국제항공공사'라고 적은 한자, 그리고 에어차이나라는 항공사명으로 구성되어 있어요.

중국국제항공의 로고인 빨간 불사조는 불사조와 'VIP'라는 영문 글씨를 결합했어요. 이는 2008년 베이징 올림픽 마스코트를 만든 중국의 예술가, '한 메일린'이 만들었습니다. 또 빨간색은 중국에서 행복과 행운을 상징한다고 해요. 2007년에 로고를 수정하면서 로고에 중국의 경제적 토대를 이룩한 지도자로 알려진 '덩 샤오핑'의 붓글씨체가 등장했어요.

설 립	1988년
본 사	중국 베이징
취 항	국내: 126개 도시 / 국제: 아시아, 아메리카, 유럽, 오세아니아, 아프리카 등 44개국 74개 도시
항공 동맹	스타얼라이언스
보유 기종	COMAC / 에어버스 A319, A350 등 / 보잉 737, 747 등 총 460대
비행기 평균 수명	8.2년

보잉 737-800

에어버스 A319-100

불사조는 무엇일까요?

불사조는 고대부터 중국이 숭배한 전설적인 새입니다. 중국의 고대 문헌에 등장하는 불사조는 동쪽의 행복한 땅에서 날아온 새로, 산과 바다를 넘어 세계 곳곳에 행운과 행복을 준다고 합니다.

불사조

잠깐! 항공 상식

기내에 응급환자가 생기면 어떻게 하나요?

객실 승무원은 응급 상황에 대비해 응급 처치에 필요한 교육을 받습니다. 기내에는 의약품과 간단한 수술을 할 수 있는 키트, 골절이나 화상 등 외상을 치료할 수 있는 응급 의료 키트, 심장마비에 이용하는 자동심실제세동기, 소화제, 복통에 필요한 구급약 등이 있습니다.

또한, 지상의 의사와 24시간 원격 진료를 받을 수 있는 응급 의료 지원 시스템이 갖추어져 있습니다.

에어마카오

슬로건	없음
호출 부호	AIR MACAU
항공사 코드	NX

에어마카오는 중국국제항공공사의 자회사이자 중국의 특별행정구인 마카오의 대표 항공사입니다. 에어마카오는 1994년 설립되어 1995년 마카오에서 중국 베이징, 상하이로 비행하며 운항을 시작했어요.

에어마카오는 1948년부터 1961년까지 '마카오 항공교통회사'의 수상 비행기를 운항하다가 1962년부터 1995년까지는 헬리콥터만 운영했습니다. 에어마카오의 로고는 마카오의 상징인 연꽃과 국제 평화의 상징인 비둘기를 결합하여 만들어졌어요. 하늘 높이 비행하는 비둘기는 에어마카오의 안전과 신뢰를 상징하며, 최고의 수준 서비스를 제공한다는 의미를 담고 있다고 합니다. 에어마카오의 로고는 1994년 처음 만들어져 지금까지 쓰이고 있어요.

에어버스 A321-200

설 립	1994년
본 사	홍콩 마카오
취 항	국내: 1개 도시 / 국제: 대한민국, 일본 등 7개국 29개 도시
항공 동맹	스타얼라이언스
보유 기종	에어버스 A320, A321 등 총 23대
비행기 평균 수명	6.5년

중국동방항공

중국

슬로건	World-Class hospitality with Eastern Charm
호출 부호	CHINA EASTERN
항공사 코드	MU

에어버스 A320-200

설 립	1988년
본 사	중국 상하이
취 항	국내: 156개 도시 / 국제: 아시아, 북아메리카, 유럽, 오세아니아 등 31개국 76개 도시
항공 동맹	스카이팀
보유 기종	에어버스 A319, A350 등 / 보잉 737, 787 등 총 591대
비행기 평균 수명	7.5년

44

중국동방항공은 중국에서 두 번째로 큰 항공사입니다. 2010년 상하이항공과 합병했지요.

중국동방항공의 로고는 1988년에 처음 만들었어요. 둥근 지구를 형상화한 원 안에 하늘과 태양을 상징하는 빨간색과 바다와 대지를 상징하는 파란색이 위아래로 있고, 중국에서 길조로 불리는 제비를 형상화했어요. 전 세계 곳곳에 행운과 행복을 전하고 싶은 중국동방항공의 의지를 나타낸다고 합니다. 이 로고는 2014년까지 쓰이다 다시 수정되었습니다.

새로 만든 로고는 원을 없애고 부드러운 선으로 그린 제비만 남았어요. '동쪽의 일출'을 의미하는 빨간색 제비 머리와 날개는 희망과 우수함, 그리고 열정을 나타낸다고 합니다. 그리고 파란색 꼬리는 다양함과 친절한 서비스를 뜻한다고 해요. 제비 모양은 중국동방(China Eastern)의 알파벳 C와 E를 형상화한 것이기도 합니다.

▌이렇게 변했어요

中國東方航空 CHINA EASTERN	中國東方航空 CHINA EASTERN
1988~2014년	2014년~현재

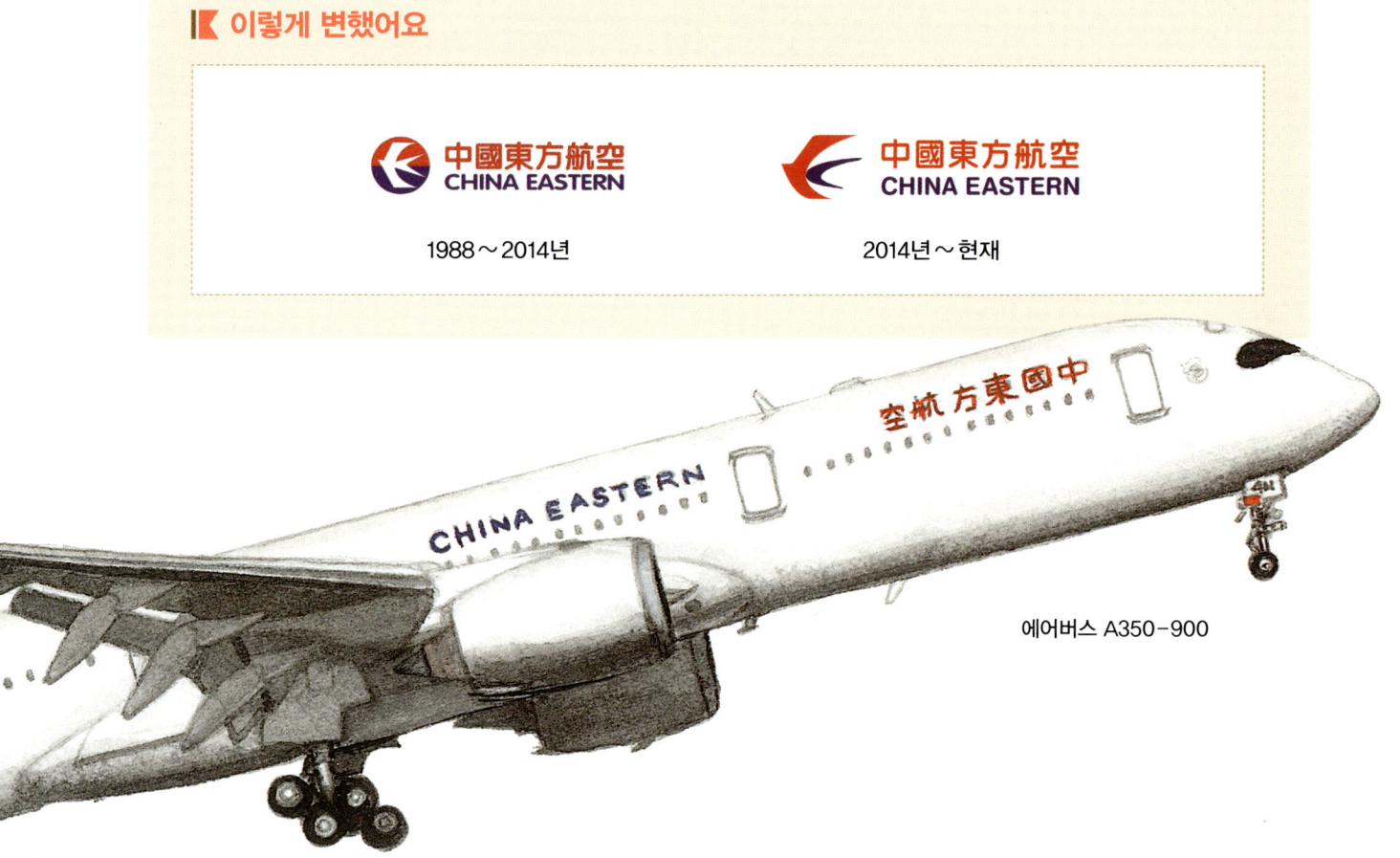

에어버스 A350-900

상하이항공

슬로건	없음
호출 부호	SHANGHAI AIR
항공사 코드	FM

보잉 737-800

상하이항공은 중국 최초의 상업 항공사입니다. 2010년에 중국동방항공의 자회사가 되었어요. 1985년에 처음 만든 로고를 지금까지 쓰고 있습니다. 비행기의 꼬리날개를 빨갛게 칠하고 그 위에 날아가는 흰 두루미를 그려 로고를 만들었어요.

설 립	1985년
본 사	중국 상하이
취 항	국내: 72개 도시 / 국제: 아시아, 유럽 등 9개국 14개 도시
항공 동맹	스카이팀
보유 기종	에어버스 A330 / 보잉 737, 787 총 104대
비행기 평균 수명	7.2년

중화항공

대만

슬로건	Journey with a caring smile
호출 부호	DYNASTY
항공사 코드	CI

중화항공은 대만의 대표 항공사로 은퇴한 공군 조종사가 설립했습니다. 설립 당시 두 대의 수상 비행기(수륙양용기)가 있었습니다. 항공사 운영은 대만 정부가 맡아 했답니다. 1962년부터 국내선 정기 운항을 시작했어요.

1995년 처음 등장한 중화항공의 로고는 대만의 국화인 매화를 형상화한 것이에요. 이 로고는 2011년에 만들어 지금까지 쓰고 있습니다.

설 립	1959년
본 사	대만 타오위안
취 항	국내: 4개 도시 / 국제: 아시아, 북아메리카, 유럽, 오세아니아 등 25개국 67개 도시
항공 동맹	스카이팀
보유 기종	에어버스 A330, A350 / 보잉 737, 777 등 총 87대
비행기 평균 수명	10.3년

에어버스 A330-300

카타르항공

카타르

슬로건	Going places together
호출 부호	QATARI
항공사 코드	QR

세계 최고의 항공사
스카이트랙스 5회 선정

5성급 항공사
스카이트랙스 선정

 승객을 가득 싣고도 한 번에 약 16,000km를 날 수 있습니다. LR(Longer Range)은 ER(Extended Range)보다 항속 거리를 더 늘린 모델이에요.

보잉 777-200LR

 항속 거리는 비행기가 연료를 가득 싣고 비행할 수 있는 최대 거리를 말해.

설 립	1993년
본 사	카타르 도하
취 항	국내: 1개 도시 / 국제: 아시아, 북아메리카, 유럽, 아프리카 등 82개국 170개 도시
항공 동맹	원월드
보유 기종	에어버스 A319, A380 등 / 보잉 747, 787 등 총 246대
비행기 평균 수명	6.7년

48

에어버스 A330-200

카타르항공은 카타르의 대표 항공사로 설립된 다음 해인 1994년 첫 비행을 시작했습니다. 설립 당시는 카타르 왕족의 일원이 소유한 국영 항공사였지만, 1997년에 새롭게 조직되면서 정부와 민간이 반씩 소유하게 되었습니다.

카타르항공의 로고는 카타르를 상징하는 동물인 오릭스예요. 카타르항공은 1997년부터 오릭스를 로고로 사용했습니다. 카타르항공의 로고는 자주색으로 그린 오릭스와 회색 줄무늬 배경, 그리고 영어로 쓰인 카타르항공과 '국가'라고 쓴 아랍어로 구성되어 있어요. 오릭스에 사용한 자주색은 카타르 국기의 색입니다. 이 로고는 2006년부터 쭉 쓰이고 있어요.

오릭스는 어떤 동물일까요?

오릭스는 사막에 사는 영양이에요. 지금은 멸종 위기 동물로 보호받고 있습니다. 2006년에 '카타르 아시안게임'이 열렸을 때 마스코트 동물이었어요.

오릭스

에어버스 A350-1000

캐세이퍼시픽항공

홍콩

CATHAY PACIFIC

- 슬로건: Move beyond
- 호출 부호: CATHAY
- 항공사 코드: CX

에어버스 A340-600

- 설 립: 1946년
- 본 사: 홍콩
- 취 항: 국내: 1개 도시 / 국제: 아시아, 북아메리카, 유럽, 오세아니아, 아프리카 등 30개국 60개 도시
- 항공 동맹: 원월드
- 보유 기종: 에어버스 A321, A350 등 / 보잉 747, 777 총 177대
- 비행기 평균 수명: 9.5년

브러시 윙이 뭐야?

붓으로 날개를 그린 모양이라 '브러시 윙'이라고 불러.

브러시 윙

보잉 777-300ER

캐세이퍼시픽항공은 홍콩의 대표 항공사로 미국인 '로이 패럴'과 오스트레일리아인 '시드니 드 칸초우'가 설립했습니다. 제2차 세계 대전 후 공군 조종사였던 두 사람이 두 대의 비행기로 오스트레일리아 시드니를 출발해 중국 상하이에 필요한 물품을 공급하며 시작되었어요. 그 후 중국 정부가 비행기를 압류하려 하자 본사를 홍콩으로 옮겼습니다.

캐세이퍼시픽이라는 항공사 이름은 국적이 표시되지 않는 특이한 이름인데, '캐세이'는 고대 영어로 유럽인들이 중국을 일컫는 단어였어요. '퍼시픽'은 설립자인 로이 패럴이 미래에는 거대한 태평양을 건너는 노선을 갖게 될 것이라는 원대한 꿈을 꾸며 붙였습니다. 이 꿈은 30년이 채 되지 않아 이루어졌어요.

캐세이퍼시픽의 로고는 네 번 바뀌었습니다. 초기의 로고는 캐세이퍼시픽을 소유하고 있는 '스와인그룹'의 이름이 로고에 포함되어 있다가 1994년에 바뀌었어요. 이때 '브러시 윙'이라고 부르는 캐세이퍼시픽의 독특한 로고가 처음 등장했지요.

이렇게 변했어요

1960~1983년　　1983~1994년　　1994~2014년　　2014년~현재

캐세이드래곤항공

슬로건	없음
호출 부호	DRAGON
항공사 코드	KA

에어버스 A330-300

'드래곤에어'의 용

- 설 립: 1985년
- 본 사: 홍콩
- 취 항: 국내: 1개 도시 / 국제: 아시아 15개국 46개 도시
- 항공 동맹: 원월드
- 보유 기종: 에어버스 A320, A330 등 총 19대
- 비행기 평균 수명: 16.8년

캐세이드래곤은 2006년 '드래곤에어'가 캐세이퍼시픽에 합병되어 자회사가 되었습니다. 설립 당시 이름은 '드래곤에어'였다가 2016년 캐세이드래곤으로 변경되었어요. '드래곤에어'의 로고는 이름답게 적갈색 용을 형상화한 것이었어요.

캐세이퍼시픽에 합병된 초기에는 로고와 이름을 그대로 쓰다가 2016년 이름을 변경하며 로고도 캐세이퍼시픽과 똑같이 바꾸었습니다. 캐세이퍼시픽과 한 그룹이라는 정체성을 나타내기 위해서라고 해요. '드래곤에어'의 용은 비행기 앞쪽에 아직도 조그맣게 그려져 있습니다.

타이항공

태국

슬로건	Smooth as Silk
호출 부호	THAI
항공사 코드	TG

타이항공은 태국의 대표 항공사로 정부가 운영하는 국영 항공사입니다. 태국의 국내선을 담당하던 '타이에어웨이즈'와 '스칸디나비안항공'이 태국에 국제선을 운영하기 위해 1951년에 설립한 회사입니다. 이후 1977년 '스칸디나비안항공'이 소유한 일부를 태국 정부가 인수하여 국영 항공사가 됩니다. 1988년 국내선을 운항하던 '타이에어웨이즈'와 합치며 현재의 타이항공이 됩니다.

설 립	1951년
본 사	태국 방콕
취 항	국내: 4개 도시 / 국제: 아시아, 유럽, 오세아니아 등 34개국 59개 도시
항공 동맹	스타얼라이언스
보유 기종	에어버스 A320, A380 등 / 보잉 787 등 총 75대
비행기 평균 수명	7.8년

에어버스 A380-841

에어버스 A380은 보잉 747 점보 여객기에 대항하기 위해 에어버스가 만든 세계 최대의 여객기입니다. 2층 구조로, 800명이 넘는 승객이 탈 수 있어요. 항공사에 따라 기내 면세점, 스파 등이 설치되어 있어 '하늘 위의 호텔'이라는 별명이 붙었어요.
기종이 표시된 마지막 두자리 숫자는 비행기에 장착된 엔진의 이름을 나타낸 것으로 엔진에 따라 841, 842, 861로 표시되어요.

타이항공은 모든 비행기에 먼지 입자와 미생물을 99.99%까지 차단하는 병원 등급 수준의 공기 필터를 설치한 최초의 항공사예요. 타이항공의 로고는 지금까지 다섯 번이 바뀌었습니다. 1960년의 로고는 특히 태국의 고전 무용수를 디자인한 것으로 눈길을 끌었습니다.

지금과 같은 로고는 1975년에 만들어졌어요. 태국 문화에 영감을 받아 만들어진 것인데, 자주색, 진분홍색, 금색으로 구성된 로고는 태국 전통의 이미지와 사원의 금색, 열대 난초의 풍부한 색감 그리고 실크를 표현한 것이라고 합니다. 로고 중심 부분의 진분홍색은 목련 꽃을 상징하고, 로고를 시계 방향으로 90도 회전시키면 태국의 인사 예절인 '와이(Wai)'가 보인다고 해요.

이렇게 변했어요

1951~1960년	1960년	1960~1975년	1975~2005년	2005년~현재

에어버스 A350-900

사왓디 카!

그건 여자가 인사하는 말이야. 너는 남자니까 '사왓디 캅'이라고 해야 해. 두 손을 공손하게 모으는 자세를 '와이(Wai)'라고 하는데 인사할 때의 기본 예절이야.

보잉 777-200

잠깐! 항공 상식

기내의 공기는 깨끗할까요?

밀폐되고 좁은 공간에서 오랜 시간 머물러야 하는 비행기 안의 공기는 얼마나 깨끗할까요? 비행기에는 오염된 공기를 정화하는 헤파필터(HEPA : High Efficiency Particulate Air)라는 특수 장치가 설치되어 있어 공기의 바이러스를 99.9%까지 걸러낸다고 합니다.

또 환기 장치가 있기 때문에 객실의 공기를 빼내 2~3분마다 외부의 신선한 공기로 바꾸어 준다고 해요. 무엇보다 객실 선반에 설치된 송풍구에서 나오는 신선한 공기는 수평으로 흐르지 않고 수직으로 움직이기 때문에 공기의 흐름이 커튼처럼 승객의 위에서 발밑으로 흘러요. 좁다고 송풍구를 닫으면 깨끗한 공기의 흐름이 막히겠지요?

티웨이항공

대한민국

티웨이항공

- 슬로건: Happy t'way it's yours
- 호출 부호: TEEWAY
- 항공사 코드: TW

티웨이항공은 대한민국의 저비용 항공사입니다. 2005~2008년 '한성항공'이라는 이름으로 운영되었다 2010년 회사를 개편하고 새로운 브랜드로 바꾸었어요. 그 해에 두 대의 비행기로 김포-제주 노선을 운항하며 국내선 서비스를 시작했고 다음 해부터 국제선을 운항하기 시작했습니다.

티웨이항공의 로고는 모두 영문 소문자로만 구성되어 있습니다. 이것은 세련되고 합리적인 태도로 고품격 항공 서비스를 제공하겠다는 티웨이항공의 의지를 나타낸 것이라고 해요. 티웨이항공(t'way)의 'T'는 '함께(Together)', '오늘(Today)', '내일(Tomorrow)'을 의미한다고 합니다. 또한 로고에 사용된 두 가지 색은 경쾌하고 즐거운 축제를 떠올리게 하는 '카니발레드'와 영국의 전성기를 상징하는 컬러인 '퀸앤그린'으로 항공 업계에서 새로운 미래를 창조해 나가겠다는 티웨이항공의 다짐을 표현한 것이라고 합니다.

보잉 737-800

- 설 립: 2004년
- 본 사: 대한민국 서울
- 취 항: 국내: 7개 도시 / 국제: 아시아 13개국 29개 도시
- 보유 기종: 보잉 737 총 28대
- 비행기 평균 수명: 11.7년

북아메리카

같은 면적당 거주하는 사람의 수를 비교해 보면 유럽에 80명,
아시아에 69명이 사는데 북아메리카에는 24명이 살아요.
넓은 땅에 적은 사람이 살지요. 다른 지역에 갈 때 자동차나 기차보다
비행기를 타고 다니는 게 빠를 거예요!
그래서 북아메리카에는 다른 대륙보다 규모가 큰 항공사가 많답니다.
어떤 항공사가 있을까요?

델타항공

미국

슬로건	Keep climbing
호출 부호	DELTA
항공사 코드	DL

에어버스 A321-200

- 설 립   1924년
- 본 사   미국 조지아주 애틀랜타
- 취 항   국내: 227개 도시 / 국제: 아시아, 유럽, 아메리카, 오세아니아, 아프리카 등 54개국 86개 도시
- 항공 동맹   스카이팀
- 보유 기종   에어버스 A220, A350 등 / 보잉 717, 767 등 총 788대
- 비행기 평균 수명   13.9년

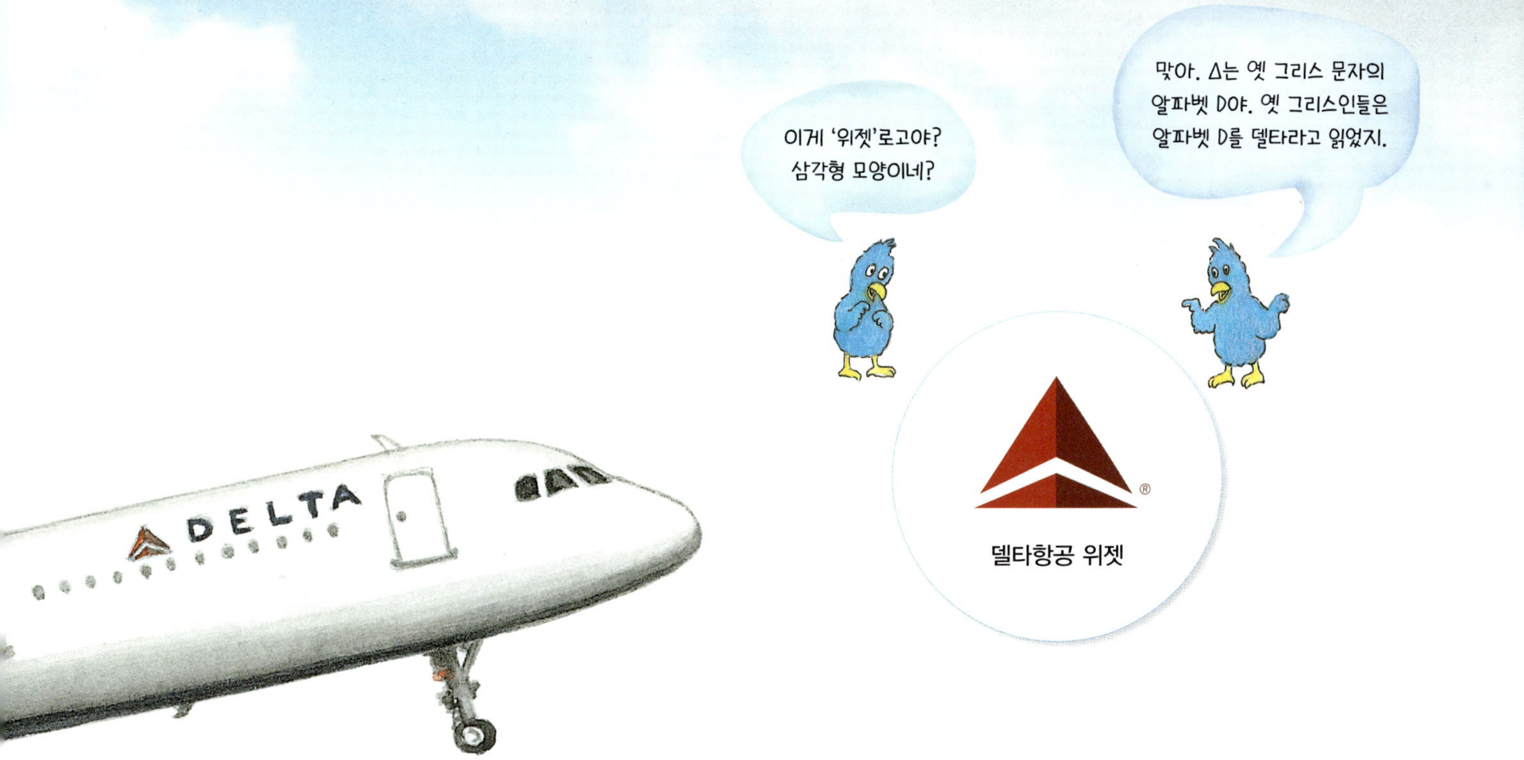

이게 '위젯' 로고야? 삼각형 모양이네?

맞아. Δ는 옛 그리스 문자의 알파벳 D야. 옛 그리스인들은 알파벳 D를 델타라고 읽었지.

델타항공 위젯

델타항공은 미국의 주요 항공사로 세계에서 두 번째로 큰 항공사입니다.

　델타항공의 로고는 지금까지 무려 스무 번이나 변했습니다. 1929년에 등장한 로고는 로마 신화에 등장하는 여행의 신 머큐리와 상업의 신인 델타의 삼각형 모양이었어요. '위젯'은 1959년에 처음 선보였는데 여러 번의 변화를 거쳐 2007년에 지금의 로고로 바뀌었습니다. 두 개의 3D 삼각형 모양으로 구성된 위젯과 델타의 글씨는 세 가지 색으로 구성됩니다. 비행기 날개를 표현한 하얀색, 조지아의 붉은 땅을 상징하는 빨간색, 그리고 아틀란타 하늘의 파란색이지요. 이 세 가지 색은 미국 국기도 상징한다고 해요. 델타항공은 2010년 미국의 '노스웨스트항공'과 하나가 되었습니다.

맥도넬 더글라스 MD 88

맥도넬 더글라스 MD 90-30

지금은 보잉과 합쳐진 '맥도넬 더글라스'의 항공기를 가장 많이 소유한 항공사이기도 했는데, 2020년 6월에 30년간 운용한 맥도넬 더글라스의 전 기종을 모두 퇴역시켰습니다. 하지만 '맥도넬 더글라스 MD 90'의 후속 모델인 보잉 717은 아직 보유하고 있어요.

이렇게 변했어요

1924~1929년	1929~1930년	1930~1934년	1934년	1935년	1934~1951년

1945~1953년	1953~1955년	1955~1959년	1959년	1959~1962년	1962~1966년

1962~1993년	1966~1976년	1976년	1985~1991년	1987~1995년	1993~1995년

1995~2000년   2000~2004년   2004~2007년   2007년~현재

사우스웨스트항공

미국

슬로건	Low fares, Nothing to hide
호출 부호	SOUTHWEST
항공사 코드	WN

보잉 737-700

- 설 립 1967년
- 본 사 미국 텍사스주 댈러스
- 취 항 국내: 88개 도시 / 국제: 푸에르토리코, 멕시코 등 12개국 15개 도시
- 항공 동맹 없음
- 보유 기종 보잉 737 총 756대
- 비행기 평균 수명 12.4년

사우스웨스트항공은 미국 주요 항공사로 세계 최대 저비용 항공사입니다. '에어사우스웨스트'라는 이름으로 설립되어 1971년 미국 텍사스주의 댈러스, 휴스턴, 샌 안토니오를 비행하며 사우스웨스트항공으로 이름을 바꾸었습니다. 사우스웨스트항공은 출발 10분 전까지 무료 취소가 가능한 대신, 좌석 지정은 안 된다고 합니다. 일찍 체크인해야 원하는 좌석에 앉을 확률이 높아요.

사우스웨스트항공의 첫 로고는 1971년 본사가 있는 댈러스 러브 필드 공항에 영감을 받은 하트에 날개를 단 모양이었습니다. 이는 사우스웨스트항공의 고객에 대한 친절한 마음을 표현하기도 했어요. 이후 2014년 지금의 로고로 바뀌었지요. 파란색, 빨간색, 노란색의 줄무늬로 색칠된 하트 모양은 단순하면서 현대적입니다.

이렇게 변했어요

| 1967~1971년 | 1971~1998년 | 1998~2014년 | 2014년~현재 |

보잉 737-700

사우스웨스트항공은 보잉 737 한 가지 기종만 운행하는 걸로 유명합니다. 한 가지 기종만 사용하면 조종사와 정비사에게 필요한 기술도 줄어들어요. 비행기 부품 구입 및 비행기를 관리하고 운영하는 데 드는 큰 비용을 절감할 수 있기 때문입니다.

또한 댈러스에는 더 규모가 큰 포트워스 공항이 있지만, 마찬가지로 비용 절감을 위해 공항 사용료가 저렴한 러브 필드 공항을 이용한다고 합니다.

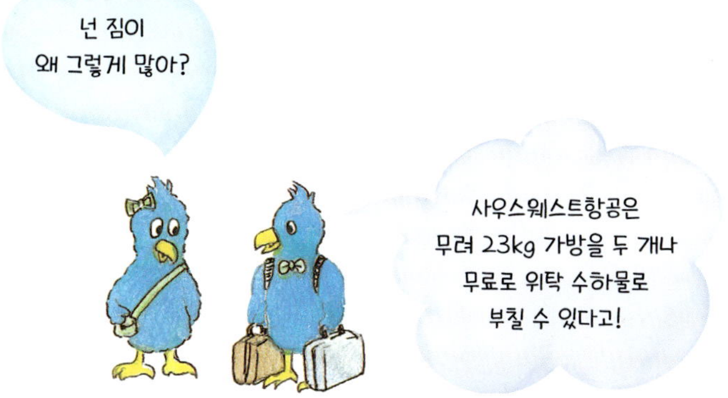

넌 짐이 왜 그렇게 많아?

사우스웨스트항공은 무려 23kg 가방을 두 개나 무료로 위탁 수하물로 부칠 수 있다고!

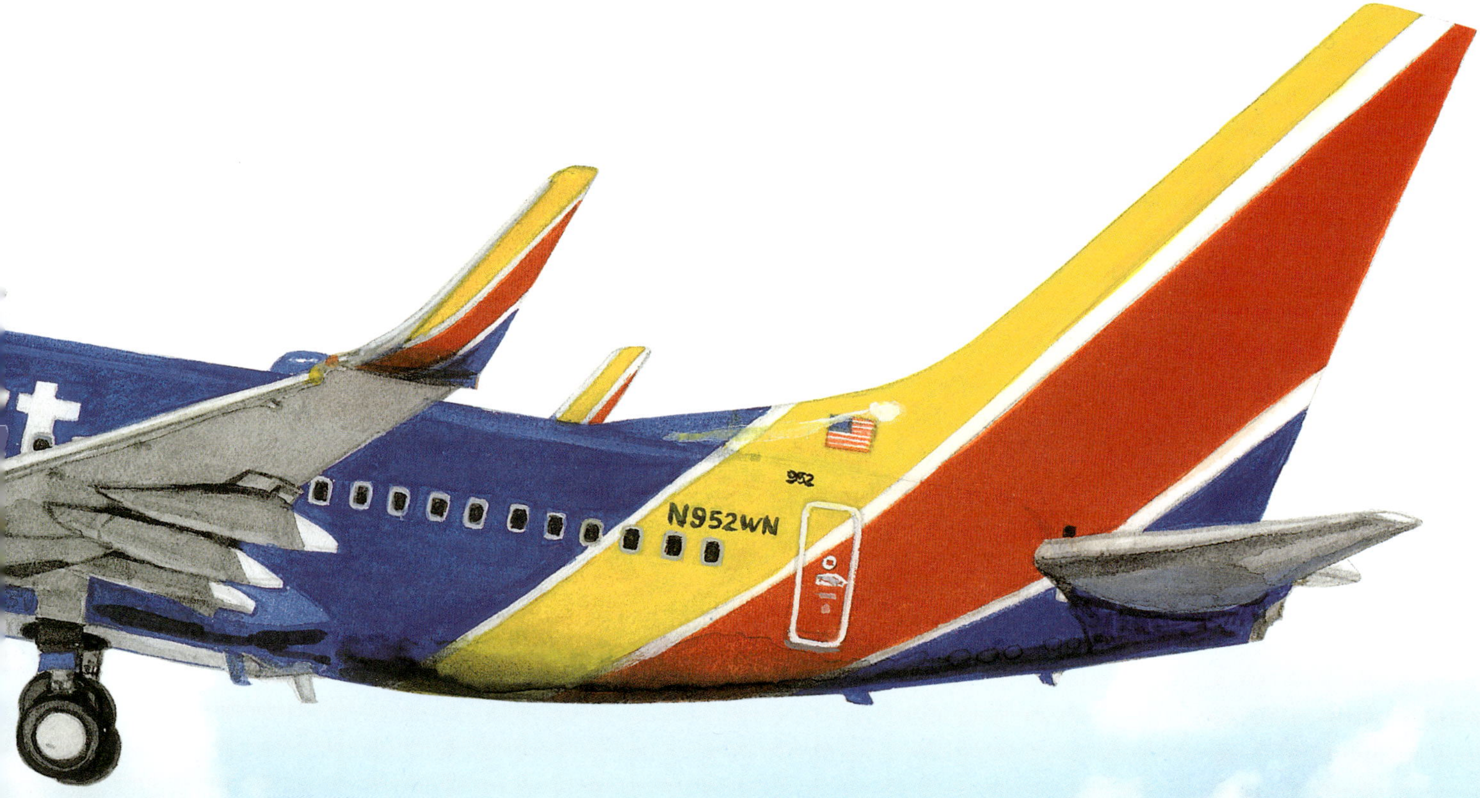

아메리칸항공

미국

슬로건	Great is what we're going
호출 부호	AMERICAN
항공사 코드	AA

보잉 787-9

아메리칸항공은 처음에 미국 시카고에서 설립되었습니다. 첫 비행은 미국 세인트루이스에서 시카고까지 우편물을 운송하면서 시작되었어요. 우편 운송을 시작한 지 8년 후 지금의 항공사 모습을 갖추게 되었지요. 'US항공'과 합병한 아메리칸항공은 미국 최대 항공사일 뿐만 아니라 세계 최대의 항공사입니다.

아메리칸항공의 로고는 1931년에 처음 만들어졌어요. 아메리칸항공(American Airlines)의 줄임말인 'AA' 모양의 로고는 1934년부터 쓰이다 1967년에 수정되었습니다. 30년 후인 1997년에 'AA' 로고는 물론 인터넷 주소(AA.com)와 항공사 코드(AA)도 일치시켰습니다.

그러다 2013년 새로운 로고로 다시 바뀌었어요. 독수리, 별 그리고 알파벳 A의 이미지를 결합해서 만든 로고는 상쾌한 빨간색, 하얀색, 파란색으로 표현되었어요. 현대적이고 진보적이며 세상에 열린 아메리칸항공의 정신을 표현한 것이라고 합니다.

에어버스 A321

설 립	1926년
본 사	미국 텍사스주 댈러스
취 항	국내: 236개 도시 / 국제: 아시아, 아메리카, 유럽, 오세아니아 등 56개국 112개 도시
항공 동맹	원월드
보유 기종	에어버스 A319, A321 등 / 보잉 737, 787 등 총 894대
비행기 평균 수명	11.3년

항공사 최초의 마일리지 제도

아메리칸항공은 최초로 마일리지 제도를 도입한 항공사입니다. 같은 항공사를 자주 이용하는 승객을 우대하기 위해 만들어진 제도인데, 비행 거리를 점수로 환산해 포인트를 적립해 줍니다. 그 포인트로 해당 항공사의 서비스를 이용하게 하거나 보너스 항공권을 지급합니다.

▌이렇게 변했어요

1934~1945년	1945~1962년	1962~1967년	1967~2013년	2013년~현재

엠브라에르 E190

에어캐나다

캐나다

 AIR CANADA

슬로건	Fly the flag
호출 부호	AIR CANADA
항공사 코드	AC

- 2018년 북아메리카 최고 항공사 (스카이트랙스 선정)
- 2019년 올해의 항공사 (스카이트랙스 선정)

보잉 787-9

에어캐나다는 캐나다의 대표 항공사로 '트랜스캐나다항공'이라는 이름으로 설립되었습니다. 두 명의 승객과 우편물을 싣고 캐나다 밴쿠버-미국 시애틀 구간을 50분 동안 비행한 것이 첫 시작이었지요.

1964년 '트랜스캐나다항공'은 국영 항공사가 되고, 에어캐나다로 이름을 바꾸게 됩니다. 이후 1989년 민영 항공사가 되었고 2000년 경쟁사였던 '캐나디안항공'을 인수했습니다.

현재 로고인 빨간 동그라미 안에 들어 있는 단풍잎 로고는 1965년에 처음 등장했어요. 이후 조금씩 수정되어 2017년 현재의 로고가 완성되었습니다.

에어캐나다의 로고에는 캐나다 국기에 그려진 것과 같은 단풍잎이 한 번도 빠지지 않고 들어갔습니다. 단풍나무는 캐나다를 상징해요. 캐나다에서는 약 열 종의 단풍나무(메이플)가 자라고, 특히 한 종은 캐나다 어느 주에서든 자연적으로 잘 자라난다고 합니다. 캐나다에서 단풍나무는 귀중한 목재이자 메이플 설탕 산업을 유지하는 데 중요한 자원입니다. 캐나다를 홍보하는 데도 큰 역할을 하지요.

설 립	1937년
본 사	캐나다 퀘벡주 몬트리올
취 항	국내: 57개 도시 / 국제: 아시아, 아메리카, 유럽, 오세아니아 등 59개국 139개 도시
항공 동맹	스타얼라이언스
보유 기종	에어버스 A220, A330 등 / 보잉 737, 787 등 총 178대
비행기 평균 수명	10.8년

▌ 이렇게 변했어요

1937~1945년

1945~1965년

1965~1987년

1987~1994년

1994~2005년

2005~2017년

AIR CANADA

2017년~현재

익스프레스는 다른 항공사야?

에어캐나다의 자회사 이름이야. 여러 지방 도시를 주로 다녀서 소형 비행기를 많이 보유하고 있어.

에어캐나다 익스프레스

에어캐나다의 지역 항공사인 '에어캐나다 익스프레스'가 있어요. 에어캐나다와 같은 항공사 코드를 쓴답니다. 에어캐나다 익스프레스는 네 개의 지역 항공사를 같은 이름으로 운영합니다.

주로 캐나다 국내선에 집중되지만, 일부 지점에서 국제 도시를 취항하기도 합니다. '에어캐나다 익스프레스'는 드 하빌랜드, 봄바디어, 엠브라에르 등 총 137대를 보유하고 있으며, 비행기 평균 수명은 14년이에요.

에어캐나다 루즈

슬로건	Your world awaits
호출 부호	ROUGE
항공사 코드	RV

에어캐나다 루즈는 에어캐나다의 자회사로 저비용 항공사입니다. '루즈'는 프랑스어로 빨간색을 뜻해요. 2012년에 설립해, 이듬해인 2013년부터 운항을 시작하였습니다.

에어캐나다 루즈는 캐나다의 레저 항공사로 장거리 휴가, 여행을 목적으로 떠나는 운항 서비스를 주로 제공합니다.

엠브라에르 E75

'레드(red)'라고 하지. 왜 '루즈(rouge)'라고 했을까?

캐나다는 영어와 프랑스어를 같이 사용한대. 퀘벡주를 포함한 일부 캐나다 동부 지방은 프랑스어를 주로 쓴다더라.

에어버스 A319

설 립	2012년
본 사	캐나다 토론토
취 항	국내: 15개 도시 / 국제: 멕시코, 미국, 유럽 등 61개 도시
항공 동맹	스타얼라이언스
보유 기종	에어버스 A319, A321 등 총 39대
비행기 평균 수명	15.6년

유나이티드항공

미국

슬로건	Connecting people, Uniting the world
호출 부호	UNITED
항공사 코드	UA

보잉 787-8

보잉 757-300

- 설 립 1926년
- 본 사 미국 일리노이주 시카고
- 취 항 국내: 236개 도시 / 국제: 아시아, 아메리카, 유럽, 오세아니아, 아프리카 등 61개국 118개 도시
- 항공 동맹 스타얼라이언스
- 보유 기종 에어버스 A319, A320 / 보잉 737, 777 등 총 883대
- 비행기 평균 수명 16.1년

에어버스 A320-200

유나이티드항공은 미국 주요 항공사로 세계에서 세 번째로 큰 항공사입니다. 유나이티드항공은 1920년대 후반 항공사 여러 개가 합쳐지면서 설립되었는데, 가장 오래된 '바니항공'이 유나이티드항공의 기원이라고 할 수 있어요.

유나이티드항공의 로고는 여러 번 바뀌었습니다. 초기 로고는 글씨 중심으로 만들어진 것이었어요. 이후 등장한 빨간색, 하얀색, 파란색으로 된 방패 모양 로고는 1970년대 초까지 쓰이다가

이렇게 변했어요

1930~1933년	1933~1935년	1935~1939년	1939~1940년	1940~1954년
1954~1960년	1960~1961년	1961~1974년	1974~1993년	1993~1998년
1998~2010년	2010년	2010~2019년	2019년~현재	

유명한 영화 포스터 디자이너인 '솔 바스'가 만든 로고로 바뀌었습니다. 이 로고는 '튤립'이라는 별명으로 유명한데, 빨간색과 파란색 스트라이프 모양의 알파벳 U를 이용해 만든 로고에요.

이 로고는 조금씩 수정되면서 2010년에 유나이티드항공이 '콘티넨털항공'과 합병하기 전까지 쓰였습니다. 회사 이름은 유나이티드항공으로 정했지만, 로고는 '콘티넨털항공'의 지구본 모양을 사용하기로 했어요. 유나이티드항공의 '튤립'을 좋아했던 많은 마케팅 전문가와 디자이너가 반대 운동을 펼치기도 했답니다.

튤립 로고는 전문가가 인정할 만큼 정말 멋지다.

튤립 로고

그래서 사람들이 로고를 바꾸지 말라고 '튤립 로고 살리기' 운동을 했나 봐.

잠깐! 항공 상식

비행기 내부는 왜 건조한 걸까요?

기내 온도는 항상 사람이 가장 쾌적하게 느끼는 섭씨 24도를 유지한다고 합니다. 그런데 우리가 가끔 비행기에서 춥고 건조하다고 느끼는 건 바로 습도가 낮기 때문이라고 해요. 고도가 높아질수록 습도는 급격히 낮아지기 때문이지요.

비행기의 엔진도 습도를 낮춥니다. 비행기의 엔진을 구동하기 위해서는 비행기 외부의 공기를 빨아들여 압축시킨 다음 연료와 섞어 불태운다고 합니다. 나머지 압축된 뜨거운 공기는 팽창시켜 차갑게 만든 다음 객실의 공기로 내보냅니다. 그런데 압축된 공기를 다시 팽창시키는 과정에서 수분이 빠져나오는데, 이 수분이 비행기 내부의 부품을 녹슬게 할 수 있어서 수분 제거 장치를 작동시켜 일부러 공기를 건조하게 만든다고 합니다. 24도에 맞는 적절한 습도는 40퍼센트라고 하는데 기내의 습도는 11퍼센트밖에 안 됩니다. 사막의 평균 습도가 15~30퍼센트라고 하니, 기내는 사막보다 건조한 것이지요.

남아메리카

남아메리카에는 브라질, 아르헨티나, 칠레 등 열두 개의 국가가 있어요.
세계에서 가장 높은 폭포인 '앙헬 폭포', 세계에서 가장 큰 강인 '아마존강',
세계에서 가장 긴 산맥인 '안데스산맥', 가장 넓은 열대우림인
'아마존 우림' 등 다양한 자연을 자랑한답니다.
이렇게 멋진 자연이 있는 남아메리카에는 어떤 항공사가 있는지 살펴볼까요?

라탐항공 그룹

칠레

라탐항공 그룹은 남아메리카에서 가장 큰 항공사입니다. 2012년 칠레의 '란항공'과 브라질의 '탐항공'을 합쳐 만들었어요.

라탐(LATAM)은 과거 라틴 민족 국가의 지배를 받아 라틴적 문화를 가진 아메리카 대륙의 일부 지역을 뜻하는 라틴 아메리카(Latin America)에서 이름 붙여진 것입니다. 라탐항공 그룹은 세계에서 가장 많은 도시를 비행하는 항공사예요.

라탐항공 그룹의 현재 로고는 2016년에 처음 만들어졌어요. 남아메리카 대륙의 지형을 형상화한 로고는 산호색 사선과 보라색 사선으로 이루어졌습니다. 이는 라탐항공의 정체성을 나타낸다고 합니다.

산호색은 고객에 대한 열정과 관심을 상징하고, 보라색은 '란항공'의 파란색과 '탐항공'의 빨간색을 합쳤다는 의미를 담았어요. 보라색은 라탐항공의 효율성과 우아함을 상징한다고도 합니다. 라탐항공 그룹의 항공사들은 모두 같은 로고를 사용해요.

라탐항공 그룹의 항공사

라탐항공 그룹에는 여객 서비스를 제공하는 라탐 브라질, 라탐 아르헨티나, 라탐 에콰도르, 라탐 칠레, 라탐 페루가 있어요. 항공사의 이름에 적힌 나라마다 본사가 있답니다. 호출 부호나 항공사 코드도 달라요.

	호출 부호	항공사 코드
라탐 아르헨티나	LANAR	4M
라탐 에콰도르	AEROLANE	XL
라탐 페루	LAN PERU	LP

설 립	2012년
본 사	칠레 산티아고
취 항	국내: 17개 도시 / 국제: 유럽, 아메리카, 오세아니아, 아프리카 등 28개국 129개 도시
항공 동맹	원월드
보유 기종	에어버스 A319, A350 등 / 보잉 767, 787 등 총 316대
비행기 평균 수명	10.1년

라탐 브라질

슬로건	Together, further
호출 부호	TAM
항공사 코드	JJ

라탐 브라질은 라탐항공 그룹의 자회사입니다. 원래 브라질 최대의 항공사였던 '탐항공'이 칠레의 '란항공'과 합쳐 라탐항공 그룹이 생기면서 '탐항공'이 라탐 브라질이 되었습니다.

설립	1975년
본사	브라질 상파울루
항공 동맹	원월드
보유 기종	에어버스 A319, A350 등 / 보잉 767, 777 총 158대
비행기 평균 수명	9.8년

보잉 767-300ER

 에어버스 A300과 경쟁하기 위해 보잉이 만든 광동체 쌍발 비행기입니다. 광동체는 기내에 복도가 두 개 있다는 뜻이고 쌍발은 엔진이 두 개 달렸다는 뜻이지요. ER은 기존 모델에서 항속 거리를 연장한 후속 모델을 뜻해요.

이렇게 변했어요

1980~2008년

2008~2016년

2016년~현재

라탐 칠레

슬로건	Together, further
호출 부호	TAM
항공사 코드	JJ

에어버스 A320-200

라탐 칠레는 라탐항공 그룹의 자회사입니다. 라탐 칠레는 설립 이후 여러 번 이름이 바뀌었다가 2005년 '란항공'이 되었어요.

'란항공'은 1990년대까지 칠레의 대표 항공사였으며, 아르헨티나, 콜롬비아, 에콰도르에도 자회사를 두었어요. 아시아, 아메리카, 유럽, 오세아니아에 취항하는 라틴 아메리카 최대 항공사이기도 했지요. 2016년에 라탐항공 그룹에 합병되며 라탐 칠레가 되었습니다.

설 립	1929년
본 사	칠레 산티아고
항공 동맹	원월드
보유 기종	에어버스 A319, A321 등 / 보잉 767, 787 총 140대
비행기 평균 수명	9.1년

이렇게 변했어요

LAN-CHILE	LanChile	LanChile	LanChile	LAN	LATAM AIRLINES
1969~1980년	1980~1982년	1982~1998년	1998~2004년	2004~2016년	2016년~현재

아르헨티나항공

아르헨티나

슬로건	Up high in the sky
호출 부호	ARGENTINA
항공사 코드	AR

아르헨티나항공은 아르헨티나의 대표 항공사입니다. 1929년 '아에로포스탈'이라는 항공 회사가 아르헨티나 부에노스아이레스-파라과이 아순시온 사이를 오가는 항공 우편 서비스를 시작했습니다.

이때 프랑스 조종사가 많이 고용되었는데, 《어린 왕자》의 작가 생텍쥐페리도 '아에로포스탈'의 우편 조종사였습니다. '아에로포스탈'의 항공 우편 서비스는 아르헨티나와 칠레를 걸쳐 있는 파타고니아 지역까지 확대되면서 네 개로 늘어났습니다.

아르헨티나항공은 네 개의 회사가 합병하며 설립되었고, 이듬해부터 운항을 시작하였습니다. 현재 사용하는 아르헨티나항공의 로고는 2010년에 만들어졌어요. 아르헨티나에서 흔히 볼 수 있는 새인 '콘도르'를 형상화한 로고는 아르헨티나의 국기 색인 하늘색입니다.

보잉 737 MAX8

보잉 737 NG 시리즈를 잇는 737의 4세대 시리즈로 MAX7, 8, 9, 10이 있어요. 737 MAX8은 기내에 복도가 하나 있는 협동체 비행기로 NG 시리즈보다 14퍼센트나 연료를 줄일 수 있지요. 에어버스 A320-Neo와 경쟁 관계입니다.

오~. 《어린 왕자》네. 재미있어?

사막이 아름다운 건 어디엔가 우물이 있기 때문이래…. 정말 멋지지 않니?

에어버스 A330-200

콘도르는 어떤 새일까요?

콘도르는 아메리카에 사는 맹금류의 새로, 머리의 피부가 보이는 게 특징이에요. 라틴 아메리카에서는 하늘과 땅을 잇는 존재로 여겨 중요한 종교적인 의미로도 쓰였답니다.

콘도르

설 립	1949년
본 사	아르헨티나 부에노스아이레스
취 항	국내: 37개 도시 / 국제: 북아메리카, 유럽 등 16개국 24개 도시
항공 동맹	스카이팀
보유 기종	에어버스 A330 / 보잉 737 / 엠브라에르 총 79대
비행기 평균 수명	9.1년

아에로멕시코

멕시코

슬로건	Mexico's global airline
호출 부호	AEROMEXICO
항공사 코드	AM

아에로멕시코는 멕시코의 대표 항공사로 '아에로나브스데멕시코'라는 이름으로 설립되었습니다. 미국의 델타항공이 아에로멕시코의 일부를 가지고 있어, 서로 긴밀히 협조하고 있어요. 1994년부터 멕시코와 미국 간에 모든 항공 정보와 비용 및 수익을 공유하며 협력한답니다.

아에로멕시코의 로고는 '독수리 전사'로 불립니다. 이는 멕시코 선사시대 문화에서 영감을 받은 것인데, 13~16세기의 강대한 국가였던 '아즈텍'에서는 '쿠아우틀리(Cuauhtli)'라고도 불렸지요. 아즈텍의 사회에서 독수리는 태양을 상징하고, '독수리 전사'는 군대에서 가장 존경받는 존재였다고 합니다. 아에로멕시코는 '독수리 전사'의 힘과 용기로 라틴 아메리카 최고의 항공사로 나아가는 것을 목표로 한다고 해요.

보잉 787-8

설립	1934년
본사	멕시코 멕시코시티
취항	국내: 43개 도시 / 국제: 아시아, 아메리카, 유럽 등 22개국 41개 도시
항공 동맹	스카이팀
보유 기종	보잉 737, 787 총 77대
비행기 평균 수명	7.6년

보잉 737-800

기내에 복도가 하나뿐인 협동체 제트 여객기입니다. 1968년 첫 운항을 시작한 이후, 지금까지도 계속 생산하는 보잉의 최장수 비행기이자 가장 많이 판매된 기종이에요. 오리지널이라 불리는 보잉 737-100, 200이 초기 모델, 737 클래식으로 불리는 보잉 737-300, 400, 500을 2세대 모델, '737 NG(넥스트 제너레이션)'으로 불리는 보잉 737-600, 700, 800, 900, 900ER이 3세대 모델, 737 MAX로 불리는 보잉 737 MAX7, 8, 9, 10이 4세대 모델입니다.

아즈텍의 독수리 전사

아즈텍은 여러 곳을 떠돌아다니다가 늪지 한가운데 선인장 위에서 뱀을 먹는 독수리를 보고, 신의 뜻이라 여겨 진흙을 개척해 단단한 땅으로 만들어 그곳에 자리 잡았다고 합니다. 그곳이 지금의 멕시코 수도인 '멕시코시티'지요.
아즈텍은 용맹함을 자랑하며 주변의 많은 지역을 정복했기 때문에 군인 직업을 명예롭게 여겼지요. 군인의 가장 높은 계급이 '독수리 전사'와 '재규어 전사'였어요.

독수리 전사

▌이렇게 변했어요

1934~1960년 | 1960~1972년 | 1972~1980년 | 1980~1989년 | 1989~1998년 | 1998년~현재

유럽

유럽에는 약 오십 개의 나라가 있습니다.
제1차 세계 대전과 제2차 세계 대전이라는 어마어마한
전쟁의 중심이었던 대륙입니다.
그 전쟁을 통해 비행기의 성능도 급격하게 발전했지요.
비행기를 크게 발전시킨 유럽에는 어떤 항공사가 있는지 찾아볼까요?

KLM 네덜란드항공

네덜란드

슬로건	Journeys of inspiration
호출 부호	KLM
항공사 코드	KL

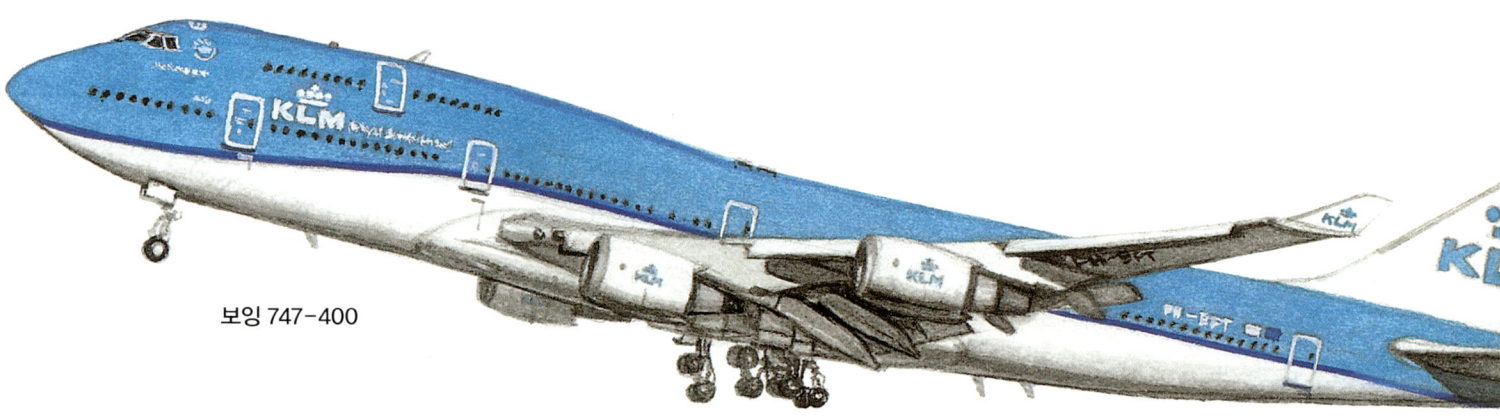

보잉 747-400

- **설 립** 1919년
- **본 사** 네덜란드 암스테르담
- **취 항** 국내: 1개 도시 / 국제: 아시아, 아메리카, 유럽, 아프리카 등 68개국 166개 도시
- **항공 동맹** 스카이팀
- **보유 기종** 에어버스 A330 / 보잉 737, 787 등 총 116대
- **비행기 평균 수명** 11.6년

KLM 네덜란드항공은 네덜란드의 대표 항공사입니다. 2019년에 100번째 생일을 맞이한 세계에서 가장 오래된 항공사이지요. 1919년 네덜란드의 빌헬미나 여왕이 제1차 세계 대전 직후 민간 항공 사업의 중요성을 깨닫고 '왕립(Royal)'이라는 칭호를 내렸다고 합니다. 'KLM'은 네덜란드어로 '왕립 항공 회사(왕립 항공사)'라는 말의 줄임말이에요. KLM 네덜란드항공은 2004년 에어프랑스와 합병하여 '에어프랑스-KLM'이 되었습니다.

보잉 787-9

　　KLM 네덜란드항공의 첫 로고는 1919년에 처음 만들었어요. 알파벳 'K, L, M'을 엮은 모노그램에 왕관을 씌우고 날개를 단 로고는 입헌군주제라는 정체성을 잘 나타냅니다. KLM은 오랜 시간 동안 이 로고를 사용하며 다양한 모습으로 변하다 1961년 지금과 비슷한 로고로 바뀌게 됩니다.

　　새로운 로고는 'KLM' 글자 위에 작은 십자가와 동그라미 네 개, 하나의 선으로 구성된 왕관이 씌워져 있는 깔끔한 로고입니다. 이 로고는 1991년 'KLM 블루'라고 불리는 하늘색 로고로 바뀌어 지금까지 쓰이고 있어요.

이렇게 변했어요

1919~1921년	1921~1926년	1926~1938년	1938~1944년	1938~1949년

1949년	1950~1951년	1951~1956년	1956~1958년	1958년

1959~1963년	1963~1972년	1972~1991년	1991~2011년	2011년~현재

보잉 737-700

KLM 네덜란드항공의 특별한 선물

KLM 네덜란드항공은 비즈니스석 승객에게 특별한 선물을 제공해요. 이 선물은 '델프트 블루 하우스'라고 이름 붙여진 도자기입니다. 네덜란드에 실제로 존재하는 전통 집 모양으로 승객들이 직접 원하는 모양을 고를 수 있습니다.

1950년대부터 시작한 이 서비스는 KLM 네덜란드항공의 창립일인 10월 구일에 매년 새롭게 만든다고 합니다. 현재 종류가 백 가지나 된다고 합니다. 도자기로 만든 작은 집 속에는 네덜란드의 유명한 술인 '쥬니버(Genever)'가 들어 있어요.

델프트 블루 하우스

루프트한자

독일

Lufthansa

슬로건	Say yes to the world
호출 부호	LUFTHANSA
항공사 코드	LH

★★★★★
5성급 항공사
스카이트랙스 선정

엠브라에르 ERJ 190

설 립	1926년
본 사	독일 쾰른
취 항	국내: 19개 도시 / 국제: 아시아, 아메리카, 유럽, 아프리카 등 78개국 207개 도시
항공 동맹	스타얼라이언스
보유 기종	에어버스 A319, A350 등 / 보잉 747 총 268대
비행기 평균 수명	11.3년

루프트한자는 독일의 대표 항공사이자 유럽에서 가장 많은 승객이 이용하는 항공사입니다. 스카이트랙스가 선정한 유럽 유일의 5성급 항공사이기도 해요. 루프트한자가 있는 '루프트한자 그룹'은 '오스트리아항공', '브뤼셀항공', '스위스국제항공', '유로윙스' 등 여러 자회사를 거느리고 있어요. '루프트한자 그룹'에서 운항하는 비행기를 모두 합하면 700대 정도가 된다고 합니다.

루프트한자의 뜻은 말 그대로 '항공 동맹'입니다. '루프트(Luft)'는 독일어로 '항공'을 뜻하고, '한자(Hansa)'는 중세 독일의 상업 도시 연맹을 말해요.

두루미가 그려진 루프트한자의 로고는 1918년에 처음 만들어졌어요. 1919년 처음으로 항공 서비스를 시작한 '독일항공(DLR)'이 두루미를 그린 로고를 가장 먼저 썼어요. 그러다 1926년 '루프트한자'와 합치면서 이 로고를 그대로 사용했습니다. 그러다 1963년에 동그란 원 안에 날개를 펼치고 날아가는 두루미 로고를 만들어 50년 넘게 사용하다 2018년에 수정되었습니다.

에어버스 A330-300

최초로 국제선에서 인터넷 서비스를 제공한 항공사

루프트한자는 2004년 세계 최초로 국제선 승객에게 기내에서 인터넷을 쓸 수 있도록 서비스를 시작했습니다. 국내선에 인터넷 서비스를 제공한 항공사들은 이미 있었지만, 국제선으로는 처음입니다.

봄바디어 CRJ 900

기내식의 역사

영국항공의 기원으로 꼽히는 '핸들리 페이지 운송 회사'에서 샌드위치를 제공한 것이 최초의 기내식이에요. 그러다 1936년 미국의 유나이티드항공이 기내에 주방인 갤리를 설치하면서 따뜻한 기내식을 선보였고, 기내식은 거듭 발전해 1950년대 후반부터 호화로운 기내식 시대가 열렸지요. 요리사가 직접 기내식을 내보이기도 하고, 뷔페를 제공하기도 했어요. 비싼 돈을 내야만 비행기 여행을 할 수 있던 때라 값비싼 기내식이 나갔던 겁니다.

그 후 비행기 여행이 대중화되면서 1980년대에 돈을 내고 사 먹는 기내식이 등장했습니다. 1985년 아일랜드의 저비용 항공사인 '라이언에어'가 이 시스템을 처음으로 시작했고, 지금은 많은 항공사가 기내식을 판매하는 서비스를 제공하고 있어요.

스위스국제항공

슬로건	The Airline of Switzerland
호출 부호	SWISS
항공사 코드	LX

에어버스 A220-300

어? 에어버스는 'A3'으로 시작하지 않아?

A220 시리즈는 에어버스가 봄바디어 CS100과 CS300을 사들이면서 에어버스 시리즈와 이름이 다르게 A220-100, A220-300이라고 한 거예요.

'루프트한자 그룹'에 속한 항공사로 전신은 '스위스항공'이에요. '스위스항공'은 '스위스에어'라는 이름으로 1931년에 설립되었다가 2001년에 파산해 2002년에 스위스 정부의 지원을 받아 다시 설립했어요. 2007년에 '루프트한자 그룹'에 들어갔어요.

스위스국제항공의 로고는 스위스 국기를 사용한 것입니다.

설 립	1931년
본 사	스위스 바젤
취 항	국내: 2개 도시 / 국제: 아시아, 아메리카, 유럽, 아프리카 등 47개국 116개 도시
항공 동맹	스타얼라이언스
보유 기종	에어버스 A220, A340 등 / 보잉 777 총 93대
비행기 평균 수명	10년

스칸디나비아항공

스웨덴 노르웨이 덴마크

SAS

슬로건	We are travelers
호출 부호	SCANDINAVIAN
항공사 코드	SK

에어버스 A320-200

스칸디나비아항공은 스칸디나비아 삼국인 스웨덴, 노르웨이, 덴마크가 설립한 세계 최초의 국제 합작 항공사입니다. 스칸디나비안항공을 줄여서 흔히 'SAS'라고 부르는데, 이것은 '스칸디나비안항공시스템(Scandinavian Airlines System)'을 줄인 것이에요.

'덴마크항공(1918년 설립)', '노르웨이항공(1927년 설립)', '스웨덴 인터컨티넨탈 항공(1924년 설립)'을 합쳐 스칸디나비아항공을 설립한 것이지요.

설 립	1946년
본 사	스웨덴 스톡홀름
취 항	국내: 5개 도시 / 국제: 아시아, 북아메리카, 유럽, 등 36개국 127개 도시
항공 동맹	스타얼라이언스
보유 기종	ATR / 에어버스 A319, A350 등 / 보잉 737 / 봄바디어 총 137대
비행기 평균 수명	9.2년

ATR 72-600

'ATR'에서 만든 단거리용 ATR 42 기종을 78인승으로 몸집을 키워 만든 쌍발 터보 프롭 비행기입니다. 프로펠러로 동력을 얻고 엔진 두 개를 돌리는 방식의 비행기이지요.

설립한 해에 첫 대륙간 항공편인 스웨덴 스톡홀름-미국 뉴욕 구간을 운항했습니다. 1954년에 스칸디나비아항공은 덴마크 코펜하겐-미국 L.A.구간을 운항하는데 최초로 북극 항로를 이용했어요. 1957년에는 북극을 가로질러 덴마크 코펜하겐-미국 앵커리지-일본 도쿄 구간을 최단거리로 운항하는 항공사가 되었습니다.

스칸디나비안항공의 로고인 영문 서체는 1940년대 후반에 만들어 지금까지 그대로 쓰이고 있어요. 초창기 비행기는 하얀색 동체에 옆면에 파란색과 분홍색의 줄무늬가 있는 디자인이었습니다. 비행기 앞부분에 용의 머리를 가진 '바이킹의 배'처럼 보이게 하는 디자인이었지요. 'SAS'라는 글씨는 꼬리날개에 그렸어요.

1983년 새 로고가 만들어지면서 '바이킹의 배'를 떠올리는 비행기 디자인은 사라지고 스칸디나비아 국기 색을 줄무늬로 만들어 로고 디자인을 만들었습니다. 1998년 새 로고를 만들며 비행기 엔진에 빨간색을 칠하고, 꼬리날개는 파란색 바탕에 'SAS'를 새겼습니다. 이후 파란색 사각형 안에 하얀색으로 'SAS'를 쓴 모양으로 바뀌었어요. 2016년에는 바탕을 없애고 'SAS' 글씨만 남았습니다. 비행기도 하얀색에서 연한 회색으로 칠했어요.

왜 바이킹의 배를 본따서 그렸을까요?

스웨덴, 노르웨이, 덴마크가 있는 스칸디나비아 반도에서 '바이킹'이 만들어졌어요. 바이킹이라고 하면 험악한 해적을 떠올리나요? 바이킹은 사실 뛰어난 항해사이자 탐험가였답니다. 배를 타고 유럽의 여러 나라를 다니며 곳곳에 뿌리를 내렸습니다.

스칸디나비아항공은 그런 바이킹을 생각하고, 비행기에 바이킹의 배가 떠오르도록 만들지 않았을까요?

초창기의 비행기

봄바디어 CRJ 900LR

아에로플로트 러시아항공

러시아

슬로건	Sincerely yours, Aeroflot
호출 부호	Aeroflot
항공사 코드	SU

수호이 슈퍼젯 100

 일루신과 투폴레프의 후속 모델입니다. 중·단거리 비행기로 87~98명이 탑승할 수 있습니다.

- 설 립 1932년
- 본 사 러시아 모스크바
- 취 항 국내: 64개 도시 / 국제: 아시아, 북아메리카, 유럽 등 58개국 112개 도시
- 항공 동맹 스카이팀
- 보유 기종 에어버스 A320, A350 등 / 보잉 737, 777 / 수호이 / 총 234대
- 비행기 평균 수명 5.8년

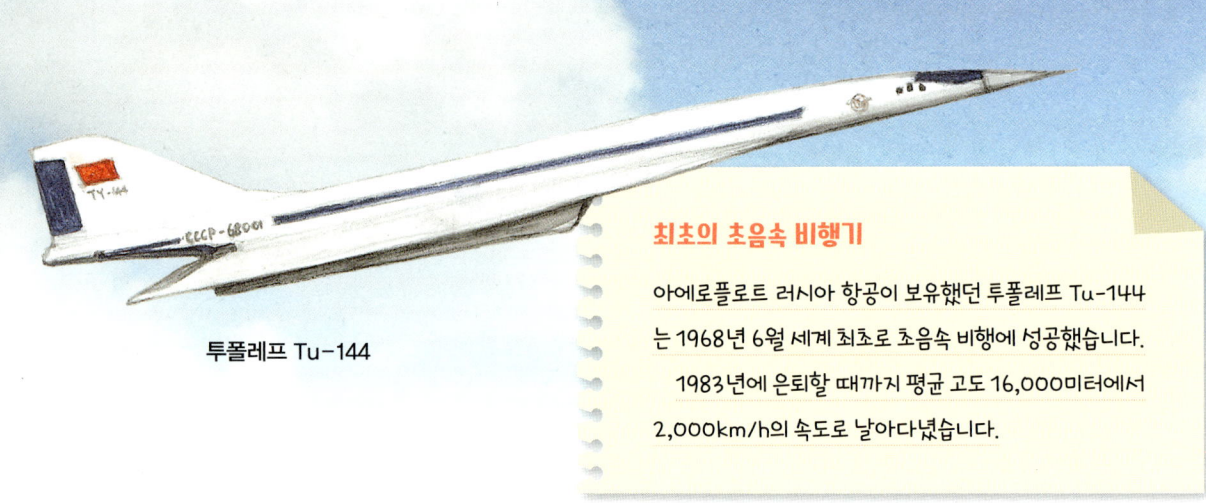

투폴레프 Tu-144

최초의 초음속 비행기

아에로플로트 러시아 항공이 보유했던 투폴레프 Tu-144는 1968년 6월 세계 최초로 초음속 비행에 성공했습니다. 1983년에 은퇴할 때까지 평균 고도 16,000미터에서 2,000km/h의 속도로 날아다녔습니다.

아에로플로트는 러시아 최대의 항공사이자 대표 항공사입니다. 러시아가 '소련'이었을 때, 아에로플로트의 전신인 '도브로렛'이 설립되어 첫 상업 비행을 시작했어요. 아에로플로트는 역사가 오래된 항공사로, 한때는 세계에서 가장 큰 항공사였어요. '아에로플로트'는 러시아어로 '항공 함대'라는 뜻이에요.

로고에는 펄럭이는 러시아 국기와 노동자와 농민을 상징하는 망치와 낫에 날개를 단 모양이 그려져 있습니다. 항공사 코드도 소련(Soviet Union)의 줄임말인 'SU'이지요.

러시아의 항공기 제작 회사인 수호이의 비행기를 운용하는 게 특징이에요.

에어버스 A320

알리탈리아항공

이탈리아

- 슬로건: Dream it, live it
- 호출 부호: ALITALIA
- 항공사 코드: AZ

에어버스 A330-200

★★★★★
2010~2017년
항공사 최고의 요리
글로벌 트래블러 선정

 A330-200은 A300의 동체를 개량해서 만들었어요. 동체의 길이를 줄이고 안정성과 연료 효율을 높였지요. 기내의 복도가 두 개인 광동체 쌍발 중형 비행기로, 보잉 767과 경쟁 관계입니다.

- 설 립 1946년
- 본 사 이탈리아 로마
- 취 항 국내: 27개 도시 / 국제: 아시아, 아메리카, 유럽, 아프리카 등 39개국 80개 도시
- 항공 동맹 스카이팀
- 보유 기종 에어버스 A319, A330 등 / 보잉 777 총 89대
- 비행기 평균 수명 14.7년

알리탈리아 시티라이너와 엠브라에르

알리탈리아의 자회사인 '알리탈리아 시티라이너'에서는 다른 곳에서는 보기 힘든 엠브라에르 기종만 보유하고 있어요.

엠브라에르 E175

이태리 장인이 한 땀 한 땀 만든 조끼

중·단거리용 쌍발 엔진이 달린 비행기로 최대 88명이 탑승할 수 있으며 봄바디어 CRJ-900과 경쟁 관계입니다.

알리탈리아항공은 이탈리아의 대표 항공사로 국영 항공사입니다. 알리탈리아는 '이탈리아의 날개'라는 뜻이에요. 설립은 1946년에 했지만, 첫 비행은 1947년에 시작했습니다. 설립 이후 여러 번의 합병과 파산을 겪었어요.

알리탈리아항공의 첫 로고는 1946년에 처음 등장했습니다. 빠른 속도를 상징하는 '날개 달린 화살'을 형상화해 로고에 넣었지요. 이 로고는 계속 쓰이다가 1969년에 바뀌었습니다. 새 로고는 이탈리아 국기 초록색, 하얀색, 빨간색의 세 가지 색에 알파벳 'A'를 사용했어요. 이후 색깔과 기울기가 조금씩 수정되어 현재 로고가 완성되었습니다.

이렇게 변했어요

ALITALIA	Alitalia	Alitalia	Alitalia	Alitalia
1946~1969년	1969~2010년	2010~2016년	2016~2018년	2018년~현재

에게안항공

그리스

슬로건	For everything 'distant' you want to bring near
호출 부호	AEGEAN
항공사 코드	A3

에게안항공은 그리스의 대표 항공사로 그리스에서 가장 큰 항공사입니다. 본사는 아테네 외곽인 키피시아에 있어요. 설립 당시 이름은 '에게안에이비에이션'으로 주로 VIP 승객이나 구급 비행기 서비스를 위해 운항했습니다.

설 립	1987년
본 사	그리스 아테네
취 항	국내: 6개 도시 / 국제: 유럽, 아시아, 아프리카 등 41개국 79개 도시
항공 동맹	스타얼라이언스
보유 기종	에어버스 A319, A321 등 총 54대
비행기 평균 수명	10.4년

에어버스 A319-100

에어버스 A320-200

이후 1999년 에게안항공으로 이름을 변경하며 비행기 두 대로 아테네, 크레테, 헤라클리온, 데살로니키를 운항하기 시작했어요. 1999년 12월 '그리스항공'을 인수하고, 2001년엔 '크로너스항공'을 인수했습니다. 2013년 경쟁사인 '올림픽항공'을 인수하여 자회사로 만들었지만 두 회사 모두 별도의 브랜드로 운영되고 있어요. 에게안항공의 로고는 1999년에 만들어졌습니다. 떠오르는 태양을 향해 날아가는 갈매기 두 마리가 그려진 로고는 2020년까지 계속 사용했어요. 새로운 로고는 그리스 국기 색인 파란색과 흰색으로 만들었어요. 항공사 이름을 더 키우고, 갈매기 두 마리는 오른쪽에 살렸답니다.

이렇게 변했어요

1999~2010년　　　2010~2020년　　　2020년~현재

올림픽항공

슬로건	Greece closer together
호출 부호	OLYMPIC
항공사 코드	OA

원래는 봄바디어가 Q400이라는 이름으로 만들었는데, 드 하빌랜드 캐나다가 인수하면서 Dash 8-400으로 이름을 바꾸었어요. 이 비행기는 프로펠러로 동력을 얻는 쌍발 터보 프롭 비행기로 68~90명이 탑승할 수 있지요.

드 하빌랜드 캐나다 Dash 8-400

- 설 립 1957년
- 본 사 그리스 아테네
- 취 항 국내: 30개 도시 / 국제: 키프로스 공화국 2개 도시
- 항공 동맹 스타얼라이언스
- 보유 기종 ATR / 드 하빌랜드 총 12대
- 비행기 평균 수명 13.3년

올림픽항공은 그리스의 대표 항공사인 에게안항공의 자회사입니다. 2009년에 설립되었지만 그 기원은 '올림픽에어웨이스'였던 1957년으로 거슬러 올라가지요.

올림픽항공의 새 로고는 일 년 동안 온라인 투표를 통해 선정되었다고 해요. 여섯 개의 고리 모양은 다섯 개 대륙과 그리스를 상징합니다.

에어프랑스

프랑스

슬로건	France is in the air
호출 부호	AIRFRANS
항공사 코드	AF

보잉 777

에어프랑스는 프랑스 대표 항공사입니다. 2004년 KLM과 합병해 정식 항공사 이름은 '에어프랑스-KLM'이 되었습니다. 회사는 하나가 되었지만 각각 에어프랑스, KLM이라는 항공사 이름을 그대로 사용하고 있어요.

에어프랑스의 로고는 1933년에 여러 항공사가 합병되면서 그중 하나였던 '오리엔트항공'의 '날개 달린 해마' 모양의 로고를 사용해 왔습니다. 그러다 1976년에 프랑스 국기를 사용한 로고로 바뀌었습니다. 현재 로고는 2016년에 새롭게 만들어진 것입니다.

▌이렇게 변했어요

					AIRFRANCE
1933~1976년	1976~1990년	1990~1998년	1998~2009년	2009년	2009년~현재

98

콩코드

1976~2003년에 에어프랑스에서 운항한 초음속 여객기에요. 에어프랑스와 영국항공이 각각 7대의 콩코드를 운영했습니다. 92~128명의 승객이 탑승할 수 있었어요. 콩코드는 삼각형 모양의 날개와 이착륙할 때 시야를 확보하기 위해 앞으로 구부러지는 앞코가 특징이에요.

설 립 1933년
본 사 프랑스 파리
취 항 국내: 31개 도시 / 국제: 아시아, 아메리카, 유럽, 아프리카 등 92개국 175개 도시
항공 동맹 스카이팀
보유 기종 에어버스 A318, A350 등 / 보잉 777, 787 총 217대
비행기 평균 수명 14.7년

에어버스 A340

맛있는 기내식을 즐기기 전에 시원한 음료를 마셔 볼까?

넌 어떤 기내식을 시켰어?

영국항공

영국

슬로건	To fly to serve
호출 부호	SPEEDBIRD (국제선)
	SHUTTLE (국내선)
항공사 코드	BA

영국항공(British Airways)을 줄여 'BA'로 불리는 영국의 대표 항공사입니다. 영국 정부는 영국항공위원회를 만들어 국영 항공사 두 개와 지역 항공사 두 개를 관리했습니다. 그러다 1974년 네 회사가 합병하면서 지금의 영국항공이 된 것이지요. 그 후 13년 동안 영국항공은 국영 회사로 운영되다 1987년 민영 항공사가 되었습니다.

영국항공은 저비용 항공사인 이지제트에 이어 영국에서 두 번째로 큰 항공사입니다. 2011년 스페인의 이베리아항공과 합병하여 세계에서 세 번째로 큰 국제 항공 그룹을 만들었어요. 영국항공과 이베리아항공 두 회사 모두 하나의 그룹에 속하면서 각각의 항공사로 남아 있습니다.

에어버스 A319-100

설 립	1919년
본 사	영국 런던
취 항	국내: 14개 도시 / 국제: 아시아, 아메리카, 유럽, 오세아니아, 아프리카 등 85개국 216개 도시
항공 동맹	원월드
보유 기종	에어버스 A319, A380 등 / 보잉 777, 787 총 262대
비행기 평균 수명	12.7년

에어버스 A380-841

최초로 기내식을 제공한 항공사

최초의 기내식은 영국항공에서 등장했습니다. 1919년 지금의 영국항공이 된 '핸들리 페이지 운송 회사'에서 세계 최초로 런던-파리 구간에서 샌드위치, 과일, 초콜릿을 담은 박스를 3실링(약 9,000원)에 제공했어요.

스피드 버드는 어떻게 생겼을까요?

영국항공이 생기기 전부터 1984년까지 52년 동안 쓰인 '스피드 버드'는 로고에서 사라졌지만, 영국항공의 호출 부호로 여전히 남아 있습니다.

스피드 버드

영국항공의 로고는 '임페리얼항공'이 1932년에 만든 날아가는 새를 형상화한 로고인 '스피드 버드'를 사용했습니다. 영국항공은 '스피드 버드'와 영국항공이 영어로 적힌 모양을 첫 로고로 썼습니다. 1984년에 '스피드 버드'는 '스피드 윙'이라는 로고로 더 간략하게 만들었지요. 영국항공이라는 글씨도 더 단순화된 글씨체로 바뀌어 쓰다가 1997년에 현재의 로고로 다시 바뀌었습니다.

'스피드 마크'로 불리는 리본처럼 생긴 영국항공의 새로운 로고는 예전에 쓰이던 '스피드 버드'와 '스피드 윙'을 합쳐 실제로 날아가는 것처럼 만들었어요. 영국 국기 '유니언잭'에서 영감을 받아 만들어진 새 이미지는 영국의 전통을 나타냅니다.

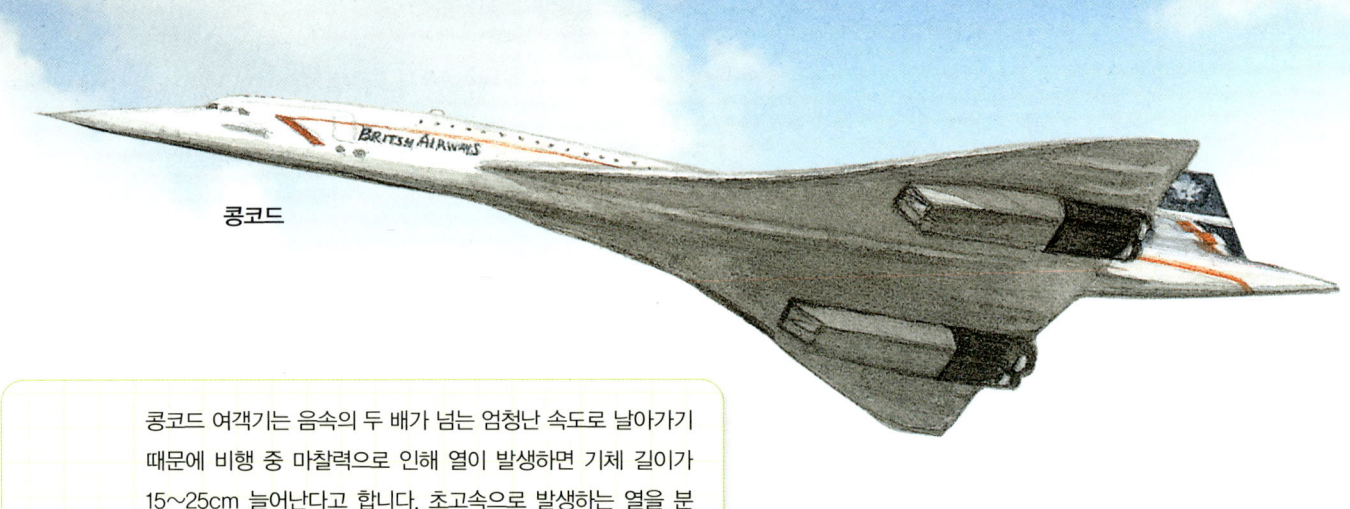

콩코드

콩코드 여객기는 음속의 두 배가 넘는 엄청난 속도로 날아가기 때문에 비행 중 마찰력으로 인해 열이 발생하면 기체 길이가 15~25cm 늘어난다고 합니다. 초고속으로 발생하는 열을 분산시키기 위해 특별히 개발된 하얀색 페인트를 칠했다고 해요.
콩코드는 빠른 속도와 함께 고급 서비스로 유명하지만 운임이 굉장히 비쌌습니다. 같은 구간 가장 저렴한 항공 요금에 비해 15배~30배 이상 비쌌다고 합니다.

이렇게 변했어요

British airways	BRITISH AIRWAYS	BRITISH AIRWAYS
1973~1984년	1984~1997년	1997년~현재

이베리아항공

스페인

슬로건	With Iberia, you are more
호출 부호	IBERIA
항공사 코드	IB

이베리아항공은 스페인의 대표 항공사입니다. 이베리아는 유럽의 남서쪽 모퉁이에 있는 반도 이름이에요. 이베리아항공은 독일의 '루프트한자 그룹'과 금융 재벌인 '호라치오 에체베리에타'가 설립했어요.

1928년 스페인 정부의 지원으로 마드리드와 바르셀로나를 운항하는 우편 업무를 시작했습니다. 1944년 국영 항공사가 되었다가 2001년 민영 항공사가 되었어요. 2011년에 영국항공과 합병해 세계에서 세 번째로 큰 항공 그룹이 되었지만 각각의 항공사로 이름이 남아 있습니다.

이베리아항공의 로고는 여러 번 바뀌었어요. 지금의 로고는 2013년에 새롭게 바뀐 것입니다. 스페인 국기의 빨간색을 두드러지게 사용한 것이 특징입니다. 이베리아항공에 사용한 빨간색은 햇살이 가득한 색으로 스페인을 대표하는 색입니다. 빨간색은 활력과 표현력, 스페인 예술을 상징한다고 해요.

- 설 립 1927년
- 본 사 스페인 마드리드
- 취 항 국내: 34개 도시 / 국제: 아시아, 아메리카, 유럽, 아프리카 등 47개국 106개 도시
- 항공 동맹 원월드
- 보유 기종 에어버스 A319, A350 등 총 73대
- 비행기 평균 수명 9.3년

안녕?

스페인에서는 "올라(Hola)!" 라고 해.

에어버스 A321-200

이렇게 변했어요

IBERIA				
1927~1939년	1939~1941년	1941~1954년	1954~1963년	1963~1967년

		IBERIA	IBERIA	
1967~1977년	1977~1992년	1992~2013년	2013년~현재	

봄바디어 CRJ-1000

노스트룸항공

슬로건	없음
호출 부호	AIR NOSTRUM
항공사 코드	YW

영국항공과 합병한 '이베리아항공'의 지역 항공사로 스페인의 발렌시아를 거점으로 운항하고 있습니다.

설립	1994년
본사	스페인 발렌시아
취항	국내: 91개 도시 / 국제: 51개 도시
항공 동맹	원월드
보유 기종	ATR / 봄바디어 총 51대
비행기 평균 수명	9.3년

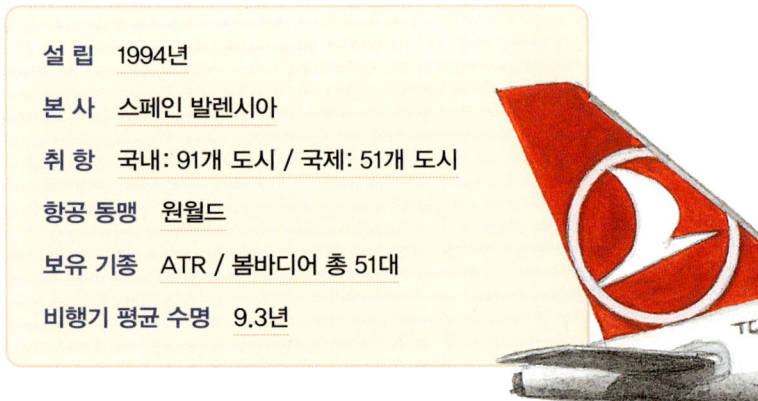

터키항공

터키

슬로건	Widen your world
호출 부호	TURKISH
항공사 코드	TK

터키항공은 터키의 대표 항공사로 터키 국방부 소속 '터키 국영 항공국'이라는 이름으로 설립되었습니다. 1935년 '국립항공로이사회'로 이름이 바뀌고 3년 후에 교통부에서 운영하게 되었지요. 그 후 1956년 지금의 터키항공(Türk Hava Yollari)으로 이름이 변경됩니다. 종종 'THY'로 불리는 터키항공의 약자는 여기서 나온 것입니다.

터키항공의 로고는 야생 거위를 나타낸 것이에요. 야생 거위는 가장 멀리 여행하는 새로 알려져 지금과 비슷한 로고 형태는 1990년에 처음 등장했어요. 동그란 원 안에 야생 거위를 추상적으로 표현한 것이지요. 이 로고는 2008년에 빨간 바탕의 입체적인 원 안에 그려졌다가 다시 평면적으로 변했습니다. 현재 로고는 2018년에 수정된 것이에요.

터키항공은 세계에서 가장 많은 나라를 취항하는 것으로 알려져 있어요.

유럽 최우수 항공사 스카이트랙스 6년 연속 선정

세계 최고 프리미엄 이코노미 클래스 스카이트랙스 3년 연속 선정

에어버스 A321-200

설 립	1933년
본 사	터키 이스탄불
취 항	국내: 49개 도시 / 국제: 아시아, 아메리카, 유럽, 아프리카 등 121개국 239개 도시
항공 동맹	스타얼라이언스
보유 기종	에어버스 A319, A350 등 / 보잉 737, 787 등 총 328대
비행기 평균 수명	7.1년

보잉 737-900ER

그루밍 세트가 무엇인가요?

장거리 비행을 할 때 대부분의 항공사에서 '그루밍 세트'를 제공합니다. 항공사마다 다르지만 보통 일반석에는 전부 제공되는 게 아니라 따로 요청하는 것이 좋아요. 그루밍 세트 안에는 세면도구, 면도기, 로션, 눈가리개, 귀마개 등이 들어 있습니다. 일부 항공사의 그루밍 세트에는 스타킹, 양말 등도 포함되어 있어요.

핀에어

핀란드

FINNAIR

슬로건	Designed for you, or the nordic way
호출 부호	FINNAIR
항공사 코드	AY

핀에어는 핀란드의 대표 항공사로 핀란드에서 가장 큰 항공사입니다. 핀에어는 세계에서 여섯 번째로 오래된 항공사입니다. 설립 당시 이름은 핀에어가 아닌 'Aero O/Y'였어요. 항공사 코드 'AY'는 여기서 따온 것입니다. 'AY'는 'Aero Yhtiö'를 줄인 것인데, 핀란드어로 'Aero'는 항공, 'Yhtiö'는 회사라는 뜻이에요. 핀에어는 1968년 핀에어로 바뀌었습니다. 이때 지금의 알파벳 'F' 모양 로고도 처음 등장했어요.

북유럽 자연의 순수함에서 영감을 받은 핀에어의 색상은 아침 하늘의 연한 하늘색에서 바다를 연상시키는 짙푸른 감색으로 변했지요. 현재 사용하는 로고는 2010년에 등장했습니다. 핀에어의 독특하고 부드러운 서체는 돌봄의 가치를 전달하며 핀에어의 품질, 신선함, 창의력을 상징한다고 합니다.

핀에어는 심각한 비행기 손실이나 치명적인 인명 사고가 없는 안전한 항공사로 알려졌습니다.

핀에어의 F 로고
현재는 'FINNAIR'라는 글자와 로고가 각각 따로 쓰입니다.

세계에서 가장 안전한 항공사 1위
독일 항공 사고 조사국 선정

에어버스 A350-900

핀에어의 지역 항공사
지금은 핀에어의 지역 항공사인 '노라(NORRA)'의 로고를 달고 운항하고 있어요.

엠브라에르 ERJ-190

ATR 72-500

휘바~.
휘바~.

자기 전에 씹고 자.

자일리톨 껌

설 립	1923년
본 사	핀란드 헬싱키
취 항	국내: 16개 도시 / 국제: 아시아, 북아메리카, 유럽 37개국 96개 도시
항공 동맹	원월드
보유 기종	에어버스 A319, A350 등 / 엠브라에르 총 71대
비행기 평균 수명	11.2년

▌이렇게 변했어요

1968~2000년

2000~2010년

2010년~현재

오세아니아

오세아니아에는 오스트레일리아, 뉴질랜드 등 태평양과 인도양에 있는 섬들이 있습니다.
지구의 남반구에 위치해 있어요. 화산, 빙하 등 다른 곳에서는
보기 힘든 자연을 만날 수 있습니다.
캥거루, 키위새, 코알라 등 희귀 동물들도 많이 산답니다.
이렇게 희귀한 동물들이 가득한 오세아니아의 항공사들을 만나 볼까요?

에어뉴질랜드

뉴질랜드

슬로건	The world's warmest welcome
호출 부호	NEW ZEALAND
항공사 코드	NZ

보잉 787-9

에어뉴질랜드는 뉴질랜드의 대표 항공사로 '태즈먼 엠파이어항공'이라는 이름으로 설립되었습니다. 뉴질랜드와 오스트레일리아를 오가기 위해 설립되었는데, 1965년 뉴질랜드 정부가 인수하여 에어뉴질랜드로 이름을 바꿨습니다.

설립	1939년
본사	뉴질랜드 오클랜드
취항	국내: 20개 도시 / 국제: 아시아, 아메리카, 유럽, 오세아니아 21개국 33개 도시
항공 동맹	스타얼라이언스
보유 기종	ATR / 에어버스 A320, A321 / 보잉 777, 787 / 드 하빌랜드 총 113대
비행기 평균 수명	8.2년

에어뉴질랜드의 본사는 오클랜드에 있어요. 에어뉴질랜드의 로고는 뉴질랜드 원주민인 '마오리족'의 상징으로 알려진 '코루'를 디자인한 것입니다. 에어뉴질랜드의 초기 로고는 '태즈먼 엠파이어항공'의 새를 형상화한 로고를 그대로 가져다 쓰다 나중에야 새로 만들어졌어요. 몇 번의 수정을 거쳐 2012년 수정한 디자인을 지금까지 쓰고 있습니다.

마오리족

코루는 어떻게 생겼을까요?

코루는 동그랗게 말려진 고사리 잎 모양을 그린 것입니다. 마오리족의 예술, 조각 및 문신 등에 없어서는 안 되는 상징이지요. 새로운 삶, 재생, 미래의 희망 등을 뜻한다고 합니다.

고사리 잎

▌이렇게 변했어요

			AIR NEW ZEALAND	
1965~1973년	1973~1996년	1996~2006년	2006~2012년	2012년~현재

ATR 72-600

봄바디어 Q300

기내식은 얼마일까요?

비행기에서는 오랜 시간 제한된 좁은 공간에 있어야 해서 소화가 잘 되고 칼로리가 낮은 기내식을 제공합니다. 항공사마다 차이가 있을 수 있지만, 기내식의 가격은 대략 한 끼에 일반석 1만~1만 5천 원, 비즈니스석 4~5만 원, 일등석 7~10만 원 정도라고 합니다. 기내식은 찬 음식와 더운 음식으로 나뉘는데, 국제선은 2시간 이내면 샌드위치 같은 찬 음식이 제공되고 두 시간 이상이면 따뜻한 기내식이 나온다고 해요.

비행 시간이 6시간 이내는 한 번, 6~8시간은 기내식 한 번과 간단한 음식, 8시간 이상은 두 번, 12시간 이상은 세 번의 기내식이 제공됩니다. 아이를 위한 유아식, 종교식 등 다양한 종류가 있는데 24~48시간 전에 항공사에 미리 주문해야 하지요.

콴타스항공

오스트레일리아

슬로건	Spirit of Australia
호출 부호	QANTAS
항공사 코드	QF

보잉 737-800

콴타스항공은 오스트레일리아의 대표 항공사입니다. KLM, 아비앙카에 이어 세계에서 세 번째로 오래된 항공사예요. 2020년에 창립 100주년을 맞아 비행기에 100이라는 숫자를 적기도 했어요. 콴타스(Qantas)는 '퀸즈랜드와 북부 지역 항공 서비스(Queensland and Northern Territory Aerial Services)'의 줄임말이에요. 꼬리날개에 그려진 캥거루가 특징인 콴타스항공은 '나는 캥거루(Flying kangaroo)'라는 별명이 있습니다.

설립	1920년
본사	오스트레일리아 시드니
취항	국내: 59개 도시 / 국제: 아시아, 아메리카, 유럽, 아프리카, 오세아니아 17개국 28개 도시
항공 동맹	원월드
보유 기종	에어버스 A321, A380 등 / 보잉 767, 787 총 136대
비행기 평균 수명	13.1년

1935년 콴타스항공은 영국의 '임페리얼항공'과 합작하여 '콴타스엠파이어항공'이 됩니다. 이후 1947년 오스트레일리아 정부가 인수하여 국영화가 되었고, 1967년 현재의 이름인 콴타스항공이 됩니다.

콴타스항공의 '나는 캥거루(Flying kangaroo)' 로고는 1944년에 처음 등장합니다. 이후 캥거루에 날개를 달며 변화했어요. 지금의 로고는 콴타스의 글씨체가 얇아지며 좀 더 현대적으로 변하고, 캥거루 꼬리에 은색 그러데이션으로 캥거루의 속도감을 표현했습니다.

또한 빨간색 바탕이 그러데이션으로 수정되면서 캥거루 형상도 더 추상적으로 변화했지요. 2016년에 수정된 로고가 지금까지 쓰이고 있습니다.

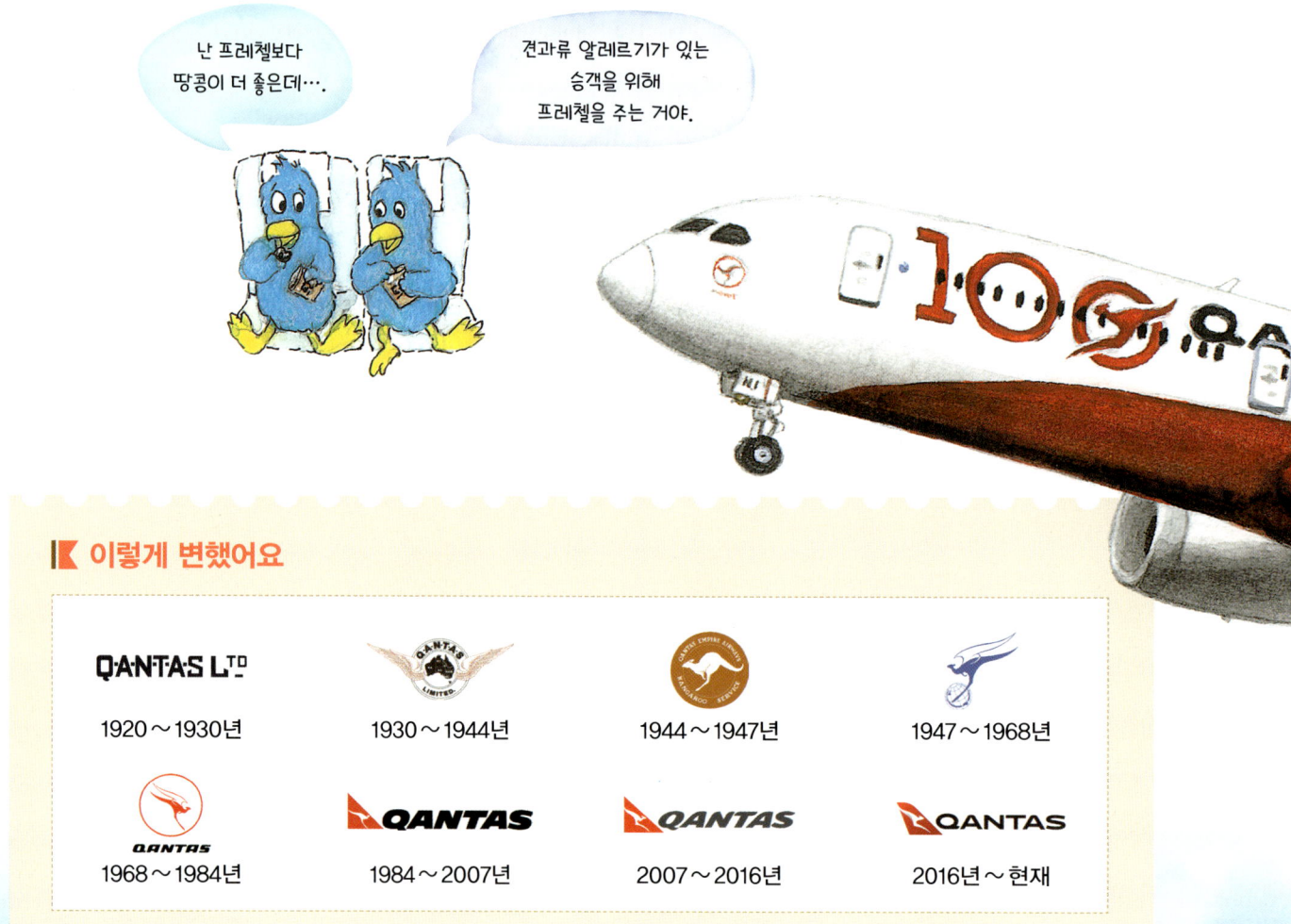

캥거루의 모습은 어디서 나왔을까요?

콴타스항공에서 인도양의 항로를 '캥거루 서비스'라는 이름을 붙였는데, 당시 오스트레일리아의 1페니 동전 뒷면에 있는 캥거루의 모습을 응용해 그렸답니다. 이때 캥거루를 처음으로 사용했어요.

오스트레일리아에서 캥거루는 4,000만 마리가 넘어요. 오스트레일리아 국민인 2,550만명보다 훨씬 많은 수지요.

1페니 동전 뒷면

보잉 787-9

젯스타

슬로건	All day every day low fares
호출 부호	JETSTAR
항공사 코드	JQ

에어버스 A320-200

젯스타는 오스트레일리아의 저비용 항공사로 콴타스항공의 자회사입니다.

주황색 별과 젯스타 글씨가 어우러진 젯스타의 로고는 2003년에 처음 만들어져 2012년에 수정되었습니다.

설 립	2003년
본 사	오스트레일리아 멜버른
취 항	국내: 20개 도시 / 국제: 아시아, 북아메리카, 오세아니아 11개국 16개 도시
항공 동맹	없음
보유 기종	에어버스 A320, A321 / 보잉 787 / 드 하빌랜드 69대
비행기 평균 수명	10.5년

아프리카

아프리카는 전 세계에서 두 번째로 넓고, 인구가 많은 대륙입니다.
아프리카 북부에 위치한 사하라 사막은
세계에서 가장 큰 사막으로, 전체 면적이 미국보다 큽니다.
아프리카는 세계에서 가장 많은 야생 동물이
드넓은 초원에 사는 것으로도 유명해요.
수많은 동물이 사는 아프리카에는 어떤 항공사가 있을까요?

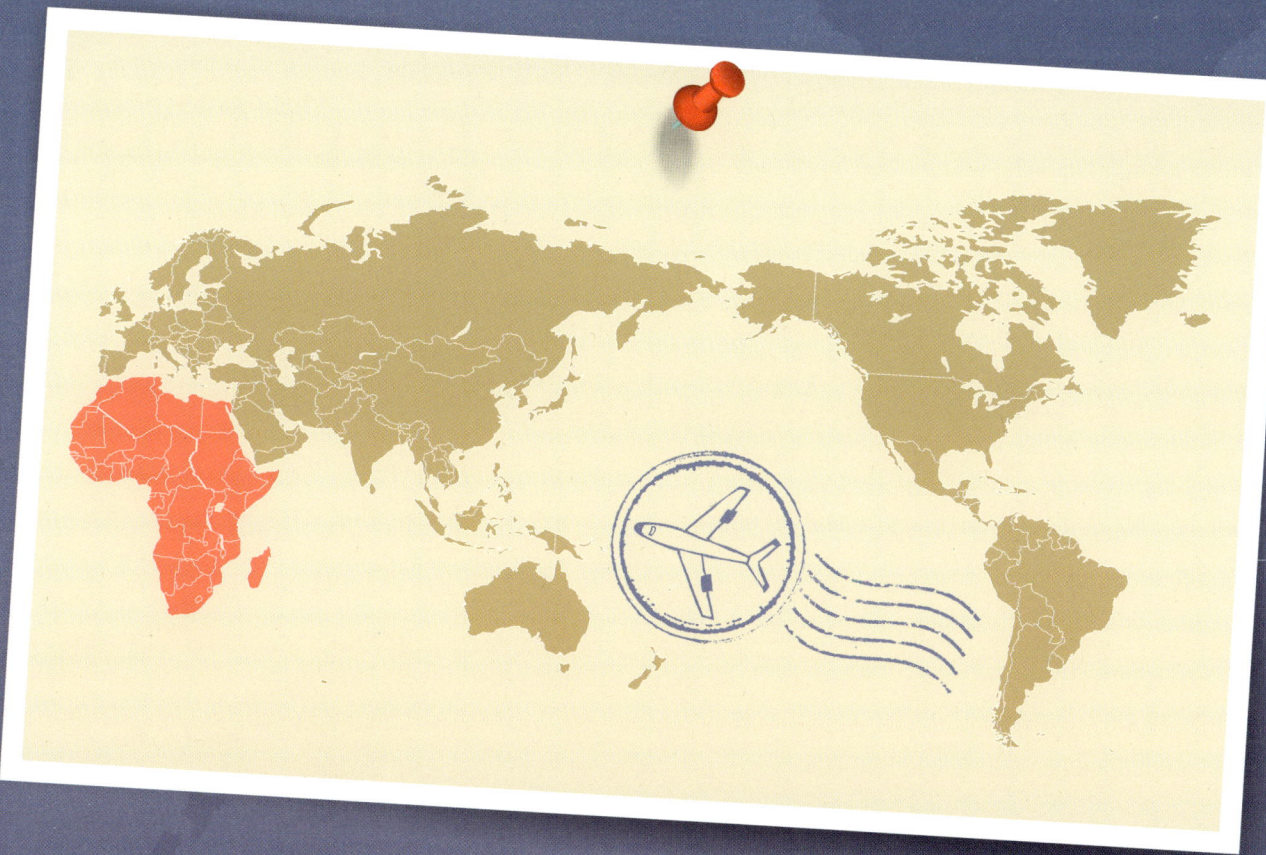

남아프리카항공

남아프리카공화국

슬로건	Bringing the world to Africa and taking Africa to the world
호출 부호	SPRINGBOK
항공사 코드	SA

에어버스 A330-300

4성급 항공사
스카이트랙스 선정

- **설 립** 1934년
- **본 사** 남아프리카공화국 요하네스버그
- **취 항** 국내: 22개 도시 / 국제: 북아메리카, 유럽, 아프리카, 오스트레일리아등 23개국 38개 도시
- **항공 동맹** 스타얼라이언스
- **보유 기종** 에어버스 A319, A340 등 총 12대
- **비행기 평균 수명** 16년

남아프리카항공은 남아프리카공화국의 국영 항공사입니다. 이름을 줄여 SAA(South African Airways)라고도 합니다. 남아프리카항공은 1934년 정부가 남아프리카공화국 최초의 상업 항공사였던 '유니언항공'을 인수해 첫 비행을 시작하면서 현재의 이름으로 바꾸었어요.

아프리카 최초로 4성급 항공사로 인정받았어요. 남아프리카항공의 로고는 1934년에 처음 만들어졌습니다. '나는 스프링복(Flying springbok)'이라고 이름 붙여졌어요. 로고는 남아프리카항공의 국가 동물인 '스프링복'에 날개를 단 모습으로, 이 로고는 1997년까지 쓰이다가 없어졌지만 스프링복은 남아프리카항공의 무선 호출 부호에 그대로 남아 오늘날까지도 쓰이고 있어요.

새로 바뀐 로고는 1997년에 등장합니다. 국기를 이용하고 태양을 모티브로 한 디자인이지요. 이 로고는 1997년에 등장한 이후 조금씩 수정하다 2013년에 바뀐 것을 쭉 쓰고 있습니다.

이렇게 변했어요

스프링복

스프링복은 어떤 동물일까요?
스프링복은 몸길이 120~150cm 정도의 영양으로, 가벼운 몸으로 껑충껑충 잘 뛰어올라요. 자기 키의 몇 배나 높이 뛸 수 있다고 합니다.

에어버스 A340-600

모로코항공 (로얄에어모로코)

모로코

슬로건	The wings of Morocco
호출 부호	ROYALAIR MAROC
항공사 코드	AT

보잉 737-800

- 설 립   1953년
- 본 사   모로코 카사블랑카
- 취 항   국내: 19개 도시 / 국제: 아시아, 아메리카, 유럽, 아프리카 등 53개국 87개 도시
- 항공 동맹   없음
- 보유 기종   ATR / 보잉 737, 787 등 / 엠브라에르 총 61대
- 비행기 평균 수명   11.4년

모로코항공은 모로코의 대표 항공사로 'RAM'(Royal Air Maroc)이라는 이름으로 더 잘 알려져 있습니다. 모로코항공의 기원은 1953년의 '체리프 항공사'로 거슬러 올라갑니다. 이후 프랑스에서 모로코가 독립하면서 정부 주도로 1957년 항공사가 설립되고, 모로코항공으로 이름을 바꾸게 됩니다.

모로코항공의 첫 로고는 1957년에 만들어졌어요. 지금 사용하는 로고는 2013년에 수정된 것입니다. 날개 달린 원 안에 모로코 국기의 별이 왕관을 쓰고 있어요. 강렬한 빨간색을 자랑하지요. 모로코에서 빨간색은 강건함, 용기, 힘을 상징한다고 합니다. 초록색 별의 다섯 개 꼭짓점은 사랑, 진실, 평화, 자유, 정의를 의미한다고 해요.

모로코 국기의 별은 무엇일가요?

모로코 국기에는 빨간색 바탕에 초록색 별이 그려져 있어요. 별은 '슬레이만의 별'로, 모로코의 국교인 이슬람교의 다섯 가지 율법을 뜻한다고 합니다.

빨간색은 순교자의 피와 왕실을, 초록색은 평화와 모로코의 자연, 이슬람교를 의미해요. 모로코는 입헌군주제 국가로, 국왕이 나라를 통치합니다. 항공사 로고에 왕관이 그려진 이유이지요.

엠브라에르 E190

이집트항공

이집트

슬로건	Enjoy the sky
호출 부호	EGYPTAIR
항공사 코드	MS

이집트항공은 이집트의 대표 항공사입니다. 이집트항공은 세계에서 일곱 번째로 만들어진 항공사예요. 1935년 정부가 항공사를 인수하며 '미스르 에어라인'이 되었습니다. '미스르'는 아랍어로 '이집트'를 말해요.

이집트항공의 항공사 코드 'MS'는 바로 '미스르'에서 기원한 것입니다. 1946년 '미스르에어라인'은 '미스르에어'로 이름을 바꿉니다. 이후 1960년 '시리아 항공'과 합치며 'UAA(United Arab Airlines)'가 되었다가 다시 1971년 '시리아 항공'과 갈라서면서 지금의 명칭인 이집트항공이 되었어요.

이집트항공의 로고는 고대 이집트 종교에 나오는 태양의 신인 '호루스'의 모습입니다. 호루스는 매의 머리에 사람의 몸을 하고 날개가 달려 있어요. 1971년에 처음 만들어진 로고는 2008년에 감색의 강렬한 호루스로 바뀌어 지금까지 사용되고 있습니다.

보잉 737-800

어디 가?

새라면 피라미드 꼭대기에는 앉아 봐야지.

이집트항공의 지역 항공사였던 '이집트항공 익스프레스'는 지금은 운용하지 않고 있어요.

엠브라에르 E170

엠브라에르 E170은 날개 끝이 살짝 접힌 모양의 윙렛이 달려 있고 창문이 큰 것이 특징입니다. 70~80명이 탑승할 수 있는 쌍발 터보 팬 엔진이 달린 소형 비행기이지요.

고대 이집트 종교

고대 이집트에서는 약 삼천 년이 넘도록 다양한 신을 믿었습니다. 사후 세계를 믿는 종교로, 이집트의 미라나 피라미드도 이 종교 때문에 생겨났지요.

이집트 역사에서 가장 숭배하는 대상은 '호루스'를 포함한 '이시스'와 태양신 '라'였어요. 고대 이집트인의 왕인 '파라오'를 신과 인간을 연결하는 존재로 여겨 마치 살아 있는 신처럼 생각했지요.

파라오를 인간의 모습을 하고 있는 호루스라고 여긴 겁니다. 왕권의 수호신인 '호루스'가 그려진 로고는 승객의 안전한 비행을 바라는 이집트항공의 마음이 담겨 있습니다.

호루스

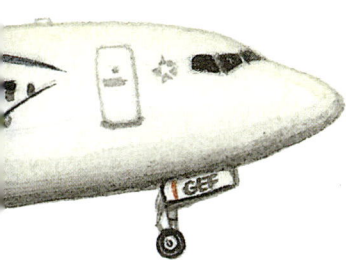

설 립	1932년
본 사	이집트 카이로
취 항	국내: 10개 도시 / 국제: 아시아, 북아메리카, 유럽, 아프리카 등 49개국 68개 도시
항공 동맹	스타얼라이언스
보유 기종	에어버스 A220, A340 등 / 보잉 737, 787 등 / 더글라스 / 맥도넬 더글라스 / 엠브라에르 총 70대
비행기 평균 수명	7.1년

찾아보기

영문

KLM 네덜란드항공   82~84, 98

ㄱ

가루다 인도네시아   14, 15
고려항공   16

ㄴ

남아프리카항공   118, 119
노스트룸항공   104

ㄷ

대한항공   10, 17~19
델타항공   10, 58, 59, 79

ㄹ

라탐 브라질   74, 75
라탐 칠레   74, 76
라탐항공 그룹   74~76
루프트한자   10, 85~88, 103

ㅁ

모로코항공(로얄에어모로코)   120, 121

ㅅ

사우스웨스트항공   61~63
상하이항공   45, 46
스위스국제항공   86, 88
스칸디나비아항공   89, 90
싱가포르항공   20, 21

ㅇ

아르헨티나 항공   77, 78
아메리칸항공   64, 65
아시아나항공   22~25
아에로멕시코   79, 80
아에로플로트 러시아항공   91, 92
알리탈리아항공   93, 94
에게안항공   95, 96
에미레이트항공   26, 27
에바항공   28, 29
에어뉴질랜드   110~112
에어마카오   43
에어부산   24

에어서울　25
에어캐나다　10, 66, 67
에어캐나다 루즈　68, 69
에어프랑스　10, 98, 99
에티하드항공　30, 31
엘알 이스라엘항공　32, 33
영국항공　10, 99~102
올림픽항공　97
유나이티드항공　70~72, 87
이베리아항공　100, 103, 104
이스타항공　11, 34
이집트항공　122, 123
일본항공　35, 36

ㅈ

전일본공수　37~39
제주항공　11, 40
젯스타　116
중국국제항공공사　41~43
중국동방항공　44~46
중화항공　29, 47
진에어　19

ㅋ

카타르항공　10, 48, 49
캐세이드래곤항공　52
캐세이퍼시픽항공　10, 50~52
콴타스항공　113~116

ㅌ

타이항공　10, 53~55
터키항공　105, 106
티웨이항공　56

ㅍ

피치항공　39
핀에어　107, 108

어린이
비행기
엠블럼
대백과

세상이 한눈에 보이는 비행기 관찰 도감

1판 1쇄 펴낸 날 2021년 5월 3일
1판 5쇄 펴낸 날 2025년 10월 20일

지은이　감

펴낸이　박윤태
펴낸곳　보누스
등　록　2001년 8월 17일 제313-2002-179호
주　소　서울시 마포구 동교로12안길 31 보누스 4층
전　화　02-333-3114
팩　스　02-3143-3254
이메일　viking@bonusbook.co.kr
블로그　http://blog.naver.com/vikingbook
인스타그램　@viking_kidbooks

ⓒ감, 2021

ISBN　978-89-6494-483-7　74550

바이킹은 보누스출판사의 어린이책 브랜드입니다.

- 이 책은 저작권법에 의해 보호를 받는 저작물이므로 무단전재와 무단복제를 금합니다.
  이 책에 수록된 내용의 전부 또는 일부를 재사용하려면 반드시 지은이와 보누스출판사 양측의 서면동의를 받아야 합니다.
- 책값은 뒤표지에 있습니다.

바이킹 어린이 도감 시리즈

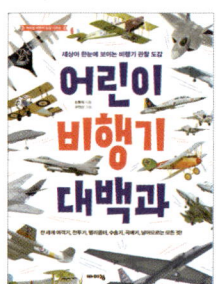    

어린이 비행기 대백과
손봉희 지음 | 구연산 그림

어린이 비행기 조종 대백과
닉 버나드 지음 | 마대우 감수

어린이 비행기 엠블럼 대백과
감 글·그림

어린이 비행기 구조 대백과
이경윤 지음 | 남지우 그림

어린이 자동차 엠블럼 대백과
신기한생각연구소 지음
구연산 그림

체험하는 바이킹 시리즈

웹툰 캐릭터 그리기 대작전
이지 지음 | 정원 그림

웹툰 스토리 만들기 대작전
이지 지음 | 정원 그림

DK 체스 바이블
클레어 서머스케일 지음 | 이은경 옮김

뚝딱 접어요! 동물농장 종이접기
조 풀먼 지음 | 앤 파쉬에 그림

뚝딱 접어요! 사파리 종이접기
조 풀먼 지음 | 앤 파쉬에 그림

정브르가 알려주는 곤충 체험 백과
정브르 지음

정브르가 알려주는 파충류 체험 백과
정브르 지음

정브르가 알려주는 양서류 체험 백과
정브르 지음

창의력 뿜뿜! 어린이 셰프 요리책
디에나 F. 쿡 지음 | 달달샘 김해진 감수

창의력 뿜뿜! 어린이 파티시에 요리책
디에나 F. 쿡 지음 | 달달샘 김해진 감수

최강 공룡 서바이벌 대백과
고바야시 요시쓰구 감수
이진원 옮김

교과서 잡는 바이킹 시리즈

STEAM 초등 과학 실험 캠프

조건호 지음 | 민재회 그림

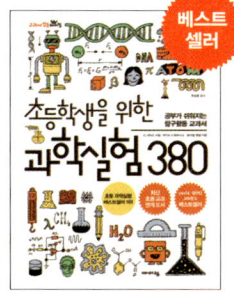

초등학생을 위한 과학실험 380

E. 리처드 처칠 외 지음 | 천성훈 감수

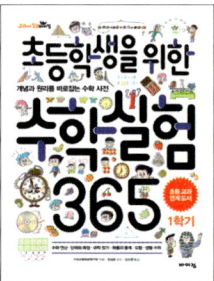

초등학생을 위한 수학실험 365 1학기

수학교육학회연구부 지음 | 천성훈 감수

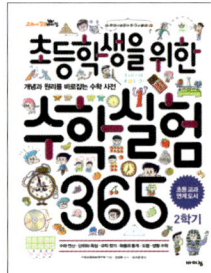

초등학생을 위한 수학실험 365 2학기

수학교육학회연구부 지음 | 천성훈 감수

초등학생을 위한 요리 과학실험 365

주부와 생활사 지음 | 천성훈 감수

초등학생을 위한 요리 과학실험실

정주현, 달달샘 김해진 감수

초등학생을 위한 개념 과학 150

정윤선 지음 | 정주현 감수

초등학생을 위한 개념 경제 150

박효연 지음 | 구연산 그림

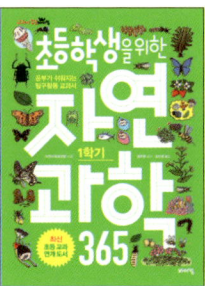

초등학생을 위한 자연과학 365 1학기

자연사학회연합 지음 | 정주현 감수

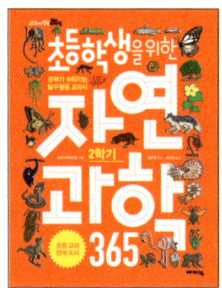

초등학생을 위한 자연과학 365 2학기

자연사학회연합 지음 | 정주현 감수

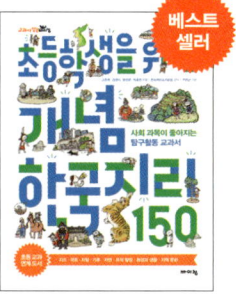

초등학생을 위한 개념 한국지리 150

고은애 외 지음 | 전국지리교사모임 감수

초등학생을 위한 개념 정치 150

박효연 지음 | 구연산 그림

초등학생을 위한 개념 국어: 고사성어

최지희 지음 | 김도연 그림

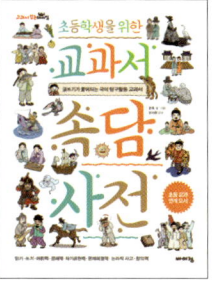

초등학생을 위한 교과서 속담 사전

은옥 글·그림 | 전기현 감수

초등학생을 위한 교과서 명작 읽기

최지희 글 | 윤상은 그림

초등학생을 위한 교과서 고전 읽기

최지희 글 | 윤상은 그림